キャサリン・ホーリー Katherine Hawley
稲岡大志
杉本俊介 監訳

信頼と不信の哲学入門

岩波新
2044

TRUST : A VERY SHORT INTRODUCTION
by Katherine Hawley

First published 2012 by Oxford University Press, Oxford.
This Japanese edition published 2024
by Iwanami Shoten, Publishers, Tokyo
by arrangement with Oxford University Press, Oxford.

監訳者によるまえがき

「信頼回復に努めてまいります」

「一連の不祥事のせいで国民の政治への不信感が拭いきれません」

わたしたちが新聞や雑誌やニュース番組といったメディアで、「信頼」や「不信」といった言葉に触れる機会は少なくありません。他方で、「この人は信頼できる」「あの人は彼への不信感を募らせている」というように、日常的な対人評価の用語としても「信頼」や「不信」という言葉は使われます。もちろん、人だけではなく、「あの会社がつくる商品は信頼できない」「この国の医療制度は信頼できる」というように、企業や社会制度に対してもそういった言葉が用いられることは珍しくはありません。

では、「信頼」とは何でしょうか。また、「不信」とは何でしょうか。わたしたちはしばしば会ったこともない人や素性も知らない人の言ったことやつくったものを信頼しますが、どうしてそんなことができるのでしょうか。営業に来た社員の横柄な対応に不快感を覚えたという理由だけでその社員が働く企業全体に不信感をもってしまうことがあるのはどうしてでしょうか。また、わたしたちは、相手のことを信じることができないとき、つまり、信頼するに十分な根拠がないとき、「信頼できない」という言葉をしばしば使っているように思います。しかし、ある人のことを信頼できないからといってその人に不信感をもっているということになるかと言われたら、どこか違うような気もします。信頼と不信の関係はそう単純ではないように思われるのです。では、信頼とは何でしょうか。不信とは何でしょうか。

本書は、信頼や不信に関心がある人に向けて書かれた本です。

著者のキャサリン・ホーリーは信頼に関する哲学研究において、信頼だけではなく不信に着目したことで、そして、「コミットメント説」と呼ばれる説で信頼と不信を同時に説明したことで、この分野の研究を進展させた哲学者です。そんなホーリーが一般の読者向けに書いた本を信頼と不信の哲学に関心をもつ哲学者・倫理学者六名によって翻訳したものが本書です。

第1章と第2章とでは、ホーリーの信頼と不信に関する哲学的見解が分かりやすく提示されています。まずはこの二つの章を読んでいただきたいと思います。第3章から第8章までは、進化論的観点からの信頼、経済学で登場する信頼ゲーム、信頼や不信と関わりが強い誠実さ(honesty)、科学的知識についての信頼、インターネットにおける信頼、団体や制度への信頼といった個別の論点について探究されています。訳者としては、順に読んでもらえるとうれしいのですが、関心のある章のみを読んでも得られるものは少なくないと思っています。また、より関心を深めたい読者のために、「監訳者による解説」として、著者ホーリーのコミットメント説を信頼の哲学の歴史に位置づけた上で、本書を通してわたしたちがどんなことを学ぶことができるのか、そして日々の生活において本書から学んだことをどのように活かすことができるのかを解説しています。さらに、「日本語版読者のための読書案内」を設けています。

なお、「コミットメント」という言葉は、あることを、明示的であれ、暗黙的であれ、引き受けること、かつ、それを実行することに義務や責任が伴う形で引き受けることを意味しています。

本書をきっかけに読者のみなさんが信頼と不信について考えてくださるならば、それは訳者一同にとっては大きな喜びです。どうか本書を信頼して読んでいただければと思います。

二〇二四年十一月

訳者を代表して　稲岡大志

目次

イラスト　つかもとかずき

序
朝食の席での信頼と不信

今朝はBBCのキャスターであるジョン・ハンフリーズが八月二十六日木曜日の朝七時を告げる放送で目覚めた。パキスタンからの最新ニュースを聴きながら、先日寄付した洪水災害への義捐金がほんの少しでも役に立っていればと思う。夫は地元のスーパーマーケットで買った「フェアトレード」ラベルが付いたコーヒー豆、玄関先に届いた牛乳、そして蛇口を捻って出てくる水で作ったコーヒーを持って来てくれた。わたしは夫に子どもたちを学校に送ると告げ、夫は電車に乗るためラッシュアワーの渋滞の中へ車を走らせ、仕事へと向かった。シリアル（健康のために甘すぎないもの）を食べ、子どもたちを二階に着替えに行かせた。彼らのバッグに夕食代を入れてから、一緒に外に出て交通安全指導員の女性と道路を渡った。子どもたちは学校に駆けていった。わたしは帰りに新聞を買い、玄関の鍵を開けて、〔夫と子どもたちが〕ドアマットにこっそり置いた早めのバースデーカード数枚を手に取った。

信頼がなければ、わたしたちは何ひとつ行動することはできていないだろう。わたしは夫がそれなりのコーヒーを淹れてくれること、そして彼が働いているオフィスに向かう際には慎重に運転してくれることを信頼した。彼は、わたしが子どもたちの面倒をみて、約束どおり学校に送っていくことを信頼している。子どもたちはわたしを信頼して、今日は授業のある日で、わたしが朝食にまずいレーズンを忍ばせていないのだと信じた。

わたしたちは知人——顔の見えない牛乳配達人から学校の先生、そしてキャスターのジョン・ハンフリーズ(わたしたちは彼を友人同然に思っている)まで——を信頼する。まったく見ず知らずの人(自動車の運転手、BBCのパキスタン特派員、浄水場の作業員、政府の栄養士など)も信頼する。制度(BBC、オックスファム、地元の学校、スーパーマーケット、そのフェアトレード認証、郵便システム、通貨システム)も信頼している。そして、明日が本当にわたしの誕生日だと、どうすれば確認できる? カードを見つけてさっき思わず涙ぐんでしまったとき、わたしはカレンダーをチェックすることはなかった。

信頼は不可欠だ。わたしたちは、自分たちだけですべてを行うことはできないし、信じていることのあらゆる根拠を確認することもできない。自分の欲しいものを手に入れるためには信頼しなければいけないが、思わず人を助けようと行動するときでさえ――それが自分の子どもであれ、遠く離れた被災者であれ――信頼がなければ実現できない。現代のテクノロジー社会と、伝統的な、結束力の強いコミュニティでは、信頼のあり方が異なるかもしれないが、どちらの文脈でもきわめて重要である。

しかし、同時にわたしたちは健全な不信なしには生きていけない。フェアトレードのコーヒーを買うのは、大規模生産者が労働者を適切に扱っているという主張に不信を抱いているからである(少なくともわたしはそう思っている)。外出するときはドアに鍵をかけ、子どもたちにチョコレートの入った朝食を選ばせることはしない。わたしが口うるさく言わなくても服を着てくれるかどうかも定かではない(わたしが子どもたちを信用していないからだ)。車に給油してくれてあると夫を信頼したせいで、車が立ち往生してしまうリスクだってある。また、子どもたちを教育し面倒をみてくれると先生たちを信頼しているが、わたしが望むような宗教観を提供してくれるか、それは信頼していない(だが、わたしがそう考えていることは学校には内緒にしてほしい。今度は、それに冷静に対応できるとは学校側を信頼していないからだ)。

わたしたちは、自分たちのためにも、他の人たちのためにも信頼について正しく理解しなければいけないのだ。

第1章
信頼とは何か、不信とは何か

信頼は信憑性、予測可能性、期待、協力、善意といった概念の網目の中心にある。この網目の裏には、不信、不誠実、陰謀、裏切り、無能といった概念も含まれる。

信頼と不信をその基礎的な次元において考えてみると、わたしたちは身のまわりの無生物にも信頼や不信を抱くことになる。わたしはこの文章を書きながら、椅子がばらばらになることを心配しているわけではないが、用心しなければ台所の戸に指を挟んでしまうかもしれないと思っている。あそこにある棚は新しいテレビを置けるほどしっかりしてはいないけれども、そのカーテンは冬の夜の寒さも防いでくれるだろう。時には信頼するか不信を抱くか迷うこともあるが——この車は本当に三週間のアルプス旅行に耐えられるだろうか？——たいていは時間が解決してくれる。

この次元では、事物を信頼したり不信を抱いたりすることは、それらに依拠したり(rely on)依拠しなかったりすることに等しい。そこには対人関係における信頼と不信の道徳的な含みや、豊かな複雑さが欠けている。結局のところ、自分を支えてくれる椅子の善意に感謝することはないし、指を挟んだからといって台所の戸の裏切りを非難することもない。車が故障し、苛立ったとしても信頼の実存的危機に陥るわけでもない。コンピュータが陰謀を企んでいると思い始めたら、いったん新鮮な空気を吸いに行く方がいいだろう。

この短い本において焦点が当てられるのはむしろ対人的な関係の、信頼と不信のより豊かな形式である。そこには科学者、政府、メディアといった社会集団や組織に対する信頼と不信が含まれる。信頼とは何か。不信とは何か。どうして、いつ信頼や不信を感じるのか。どうすればもっと有能で、よりよく信頼する人になれるのか。いつわたしたちは信頼するべきなのか。これらの問題を突きとめたい。

信頼を考察するためには、信頼性(trustworthiness)についても考えなければならない。誰を信頼するかを決めることは、すなわち誰が信頼に値するか(trustworthy)を見きわめることである。そして信頼に値することは、わたしたち誰にとっても高潔な望みであるように思われる。実際、それはわたしたちが尊敬の念をもって他人のなかに認め、自分たちの子どものなかに育もうとする特性である。信頼性は道徳的徳――善い人格であることの一部――のように見える。しかし、わたしたちは泥棒たちの間にも名誉がありうることを知っている。マフィアのボスは組織の相談役を信頼して疑わないが、これは相談役が、何十年にもわたってボスの信頼に値することで築いたものにほかならない。この場合、信頼と信頼性は不正と暴力の火に油を注ぐことになる。マフィアの「血の掟」の儀式を経験したことがなかったとしても、望まざる信頼の感覚、ありがたくもない結束に巻き込まれてしまう感覚については分かるだろう。信頼と信頼性を理解するためには、このように暗い道に分け入る必要もある。価値あるものがときに邪悪なもの、少なくとも歓迎されざるものになりうるのはどうしてかを見定めなければならない。

信頼とは何か?

信頼とは何か? わたしたちが人々を信頼するとき、その相手に依拠している〔あてにしている〕。この場合の依拠〔あて〕(reliance)には特別な次元がある。カーテンや椅子、車といったものに対するただの機械的な依拠とは異なる、真の対人的な信頼である。もちろん、機械的な依拠の対象を単なる事物から人々に広げることもできる。あなたは風を避けようとして群衆の塊に依拠することも〔つまり、群集を防風のための壁としてあてにすることも〕、自分のスリ行為に注意を向けさせないために見知らぬ大道芸人に依拠することもできるだろう。しかし、これらのたぐいの依拠は信頼ではない。群衆がいなくなっても、大道芸人が休憩しても、その人たちはあなたを裏切ったわけではないし、信頼に値しないわけでもない。ただその人たちは、そうしてほしいとあなたが望んだこと、あるいは期待したことをしないというだけのことである。あなたはがっかりするかもしれないが、それは頼りない車や、ぼろぼろの台所によってがっかりするのと同じようなものだろう。

このとき、あなたは群衆や大道芸人に依拠してはいるが、相手がそのことを考慮に入れてくれるだろうとは思っていない。結局、相手はあなたから依拠されていることを知らないのである。あなたは群衆や大道芸人の善意から利益を引き出そうとは思っていないし、あなたのニーズや感情を相手が気にかけてくれるだろうとも思っていない。ただ、相手の存在から利益を得ることを望んでいるに過ぎない。だから、これは信頼とは言えないのである。

では、ここで想定を変えてみよう。大道芸人はあなたの共犯者で、十分間ほど演じることによって、あなたが観衆に悪事を働くための時間稼ぎをすることに同意を交わしていたとする。この場合、あなたは大道芸人を信頼することになる。すなわち、大道芸人は自分があなたから頼りにされていることを知っているからこそ、あなたのことを気にかけ、あなたと結んだ約束を守るだろうとあなたは期待する。ここでは、相手はその見返りとしてあなたの儲けの分け前を期待している。もし大道芸人が自分の役割を果たさなければ、あなたの信頼を裏切ることになり、この状況では信頼に値しない人間であることが明らかになる。

つまり、誰かを信頼することと、ただ機械的に依拠することとの違いは、信頼する側の大きな期待、そして期待を裏切られたときの反応に関わっている。さまざまな分野の研究者が信頼をめぐるこうした基本的な考え方を共有しているものの、この期待や反応が正確にはどのようなものなのかについては意見が一致していない。経済学者や社会科学者は合理的な自己利益の観点から考える傾向にある。それによれば、前述の大道芸人があなたの不道徳な行為の分け前を期待するように、あなたを助けることが相手自身の利益にかなうと思われるとき、あなたはその相手を信頼する。対して、哲学者はもう少しわたしたちの感情にそくして考えがちである。すなわち相手の性格が善く、あなたのことを気にかけてくれると思われるとき、あなたはその相手を信頼する。そして進化心理学者は、信頼は互恵的な利他主義であると考えようとする。あなたは相手が自分を裏切らない限りは信頼を抱くことになるが、それはこのような態度が関係するすべての人にとって安定的な報酬の戦略だからである。

　信頼と信頼性をめぐるさまざまなアプローチについては後の章において詳しく説明するが、基本的には、わたしは信頼をコミットメントの観点から理解している。つまり、わたしたちが人々を信頼するのは、その相手が自分のコミットメントを果たすだろうとあてにする場合である。ただし、信頼に関するこのようなコミットメントの考え方はきわめて柔軟なものであって、相手がコミットメントを果たすだろうと思われるのは、そうすることがその人の利益にかなうからかもしれないし、その人が善い人で思いやりがあるからかもしれないし、お互いにコミットメントにしたがってふるまうことが優れた進化戦略だからかもしれない。そしてこの考え方は、わたしたちが椅子や、車や、カーテンに対して「対人的な」信頼を抱くことがないのはどうしてかを説明してくれる。つまるところ、カーテンは冷気を遮断するというコミットメントをもっていないのである。また、吹きつける風を防ぐために群衆をあてにするときには、群衆は別にわたしたちを風から保護するコミットメントをもっていないし、そもそもわたしたちが何を望んでいるのかを知るわけもないということに気づくだろう。したがって、これは信頼が問われる事例ではない。

信頼を区別する

運がよければ、あなたにも手放しに信頼できる人が一人か二人はいるだろう。しかし、誰もがそれほどの幸運に恵まれることはなく、ほとんどの場合、わたしたちはさまざまな人を、さまざまな程度で、さまざまなことがらに関して信頼することになる。わたしは同僚が自分の仕事をきちんとこなし、仕事について賢明なアドヴァイスを与えてくれることを信頼するものの、わたしの生活にアドヴァイスをしてくれることまでは信頼していない。わたしの子どもは病気になれば自分の世話をしてくれるとわたしを信頼しているが、自分のためにもの分かりよく、的確にレゴブロックを選んでくれるとは信頼していない。わたしたちは信頼の領域を区別しているのである。

また、わたしたちは相手の能力に対する信頼と、意図に対する信頼を区別している。完全な信頼に至るためにはその両方が必要とされる。たとえば、仕事をきちんと果たすだろうと同僚を信頼する場合、わたしはその同僚がその仕事にふさわしい能力と才覚をもっていること、そしてそれらの能力を実行しようとすることを信頼する。仮に同僚が善意をそなえてはいても十分な力量をもち合わせていないと思われるなら、つまりその人の能力を疑うなら、わたしの信頼は損なわれるだろう。他方、仮に同僚が怠け者であったり不誠実な人間であると思われたなら、つまりその人の意図を疑うなら、信頼は別の仕方で損なわれることになる。

このように、信頼には能力に対する期待と、手助けしようとする意図に対する期待が関与する。これを信頼する側、信頼される側を逆にして言えば、信頼性には能力と、善い意図のいずれもが要求されることになる。信頼性、すなわち信頼に値することは自分に課せられるコミットメントを果たすことであり、それこそ、自分を信頼してくれる人々から期待されることである。しかしそのためには、新たなコミットメントを引き受けることに慎重になるだけでなく、すでに引き受けたコミットメントを果たすことを決意しなければならない。この意味で、信頼に値する人は、自分が果たせないコミットメントには「ノー」と言えるだけの勇気をそなえていることになる。

ふるまいへの信頼と、言葉への信頼

他人に信頼することがらはたくさんあるが、真実を語ることはもっとも重要なことの一つだろう。あなたのまわりの世界について、過去について、遠く離れた国について、他人がどのように感じ、考えているかについて、あなたが知っていることのすべてを思い浮かべてほしい。そしてその知識のどれほどが、両親や先生、友人や知人、メディアなど、他人があなたに教えてくれたことを信頼することに依存しているかを考えてみてほしい。たとえば生年月日など、あなた自身に関する重要な事実についての知識さえ、他人が真実を語っていることをあなたが信頼するかどうかにかかっているのである。

したがって、いかなる信頼の検討にも、このように他人の語ることに対する信頼(あるいは不信)という特殊事例が含まれていなければならない。一般に人を信頼するにはその人の能力と意図のいずれも信頼することが要求されるが、このことはその人の語ることを信頼する場合にも同様である。この場合、語る人の知識と、語りにおけるその人の誠実さを信頼することが求められる。それゆえ、関連する専門知識をもっていないと考えられるならば、また、何かごまかしを働こうとしているように思われるならば、わたしたちはその人が語ることを信頼するべきではない。

同様に、信頼に値するためには誠実であるだけでなく、推測や憶測を確固とした事実として提示することがないよう、語る前によく考えることも要求されることになる。ただ誠実であるだけでは不十分なのである。〔たとえば〕二〇〇三年のイラク侵攻に至るまでのトニー・ブレア首相のふるまいに対して、とりわけイラクの軍事的脅威が最終的に判明した以上に深刻なものであると思わせた「疑わしい文書」に対して怒りを覚えている人は多い。この点についてブレア自身は、当時、サダム・フセインが重大な脅威をもたらすと心から信じており、自分はあくまで誠実だったのだと抗弁している。しかし、たとえブレアが誠実であったとしても、誠実であるだけでは彼が信頼に値するとは言えない。自分の言うことを信じるだけでは不十分で、とりわけ大きな利害が関わる場合には、それを裏付けるだけの十分な証拠も必要なのである。

誠実さと知識という二つの要件は、もっとも信頼に値する選択肢がときに、聞き手を苛立たせるかもしれないにせよ、ともかく何も言わないことであることを意味している。発話においても行為と同様、何ごとかにコミットする上で信頼に値するためには、慎重であることが要求される。自分が何を話しているのか分からなければ何も言わないことである。

不信とは何か？

不信はたんなる信頼の欠如ではない。わたしたちはときに、相手のことを信頼するべきか、不信を抱くべきか分からないことがある。相手のことをよく知らなくて、その人の能力や意図について判断できずにいるのである。そのように決めかねているときには、わたしたちはその相手を信頼していないが、だからといって不信を抱くわけでもない。

また、信頼も不信も不適切である場合もある。どちらを選ぶべきか迷っているからではない。たとえば仲のよい友人をパーティに招待したとき、休暇をとるので行けないと返事をされたら、もちろんがっかりすることだろう。このとき、わたしは友人がそれでもパーティに来てくれるだろうと信頼するだろうか？　そんなことはない。来ることはないと予期される。しかし、このことは、わたしが何らかの仕方で友人に不信を抱いていることを意味するわけではない。ともかく、友人は誠意をもって自分の事情を説明しているのだから。つまりこれは、友人がパーティに来ることに関して、信頼していなければ不信も抱いていないという状況にほかならない。来ることはないだろうと、ただそれを予期しているだけのことである。

誰かを信頼するときには、その相手がコミットメントを果たすことを期待している。他方、誰かに不信を抱くときには、その相手がコミットメントをもつと思っているものの、それを果たすことを期待してはいない。わたしの友人はパーティに来ることにコミットしてはいない。その上で、彼女はそれができないと言っている。そもそもコミットメントをもたないのだから、彼女がコミットメントを果たすかどうか、そしてパーティの出席に関して彼女を信頼するか不信を抱くかについては、まったく疑問の余地がない。

不信と、信頼の欠如の区別を強調することは屁理屈のように思われるかもしれない。しかし、この区別は信頼に関わるわたしたちの道徳的判断にとって中心をなすものである。誰かに不信を抱くということはその相手を低く評価することであり、些細なことであれ、何か悪いことをしていると考えることになる。誰かを「信頼に値しない」と言うことは道徳的な批判を投げかけることであって、自分に関してはなるべく耳にしたくないことだろう。しかし、だからといって、寄せられる信頼に抗うすべなく、いつも他人が欲するとおりに行為することを期待されるのがよいのかと言えば、そうでもない。ときには他人にあてにされることなく、一人きりで自ら選択を下したいこともある。常に信頼されたいとは思わないが、信頼に値しないことも望ましくはない。そのようなとき、わたしは信頼の欠如を切望する一方、不信を抱かれることで道徳的に非難されることは望まない。だからこそ、不信と、たんなる信頼の欠如を区別することが重要になる。

信頼することを決意する?

わたしたちの誰にとっても重要な問題は、誰を、そしてなぜ信頼するかということである。どのような証拠が信頼(あるいは不信)を妥当なものにするのか？　そして、証拠は常に必要とされるのだろうか？

このように考えると、あたかも信頼はコントロールできる範囲にあるかのように思われてくる。わたしたちは証拠を考慮し、つぶさに吟味し、何に関して誰を信頼するのかを決めるのだと。実際、ときにはそういうこともあるかもしれない。しかし、意識的に選択することなく、あることがらに関して誰かを信頼したり不信を抱いたりすることは珍しくない。それがきわめて悩ましいこともある。たとえば、パートナーや親友に自分が不信を抱いていると自覚すれば、大きな衝撃にもなって、それに関する証拠をふりかえって再点検するかもしれない。逆に、新しい友人や同僚を自分が信頼できると分かれば、どうしてその信頼を感じるのかをうまく言えなくても、うれしい驚きを覚えることにもなりうる。

この点において信頼と不信は、信念(belief)と疑念(disbelief)に似ている。たとえわたしたちが証拠に基づいて信念を抱こうとしても——実際、そうするべきなのだが——それが必ずしも、証拠を検討し、何に信念を抱くのかを決め、そのことに信念をもつというプロセスになるとは限らない。ほかの活動とは異なり、信念をもつことはわたしたちが直接コントロールできる範囲にはないように思われる。バスを待つかどうかは決められるが、バスがもうすぐ来ると信念をもつかどうかは決められないのである。

フランスの数学者であり哲学者でもあるブレーズ・パスカル〔一六二三—一六二二〕は、宗教的信仰の合理性について論じたときにこのことを認めていた。神が存在するとしよう。神を信じ、神にしたがって生きれば、死後の世界で大きな利益を得ることができる。神を信じなければ、死後の見通しはかなり暗くなる。最悪のシナリオでは地獄の苦しみが待ち受けることになる。では、神が存在しないとしよう。それでも神を信じるなら、それはあなたにとって大きな損失ではない。日曜日の朝をいくらか無駄にするだけだろう。他方、存在しない神を信じないからといって、それほど多くのものを得るわけでもない。したがって、すべての可能性を考慮すると、わたしたちにとって最善の賭けは神を信じることにあるように思われる。神が存在するならばこれは間違いなく最善であるし、神が存在しないとしても、やはり大きな違いが生じることはない。

パスカルが賭けを設定する際にオッズを正しく計算したかどうかについては、いろいろと言いたいことがある。しかし、彼の推論を受け入れた場合、わたしたちはどうするべきかということに焦点を絞りたい。わたしたちの最善の賭けが、神を信じることであると同意するとしよう。ならば、神を信じなさい！　すでにあなたが神を信じているのなら、自分に有利なオッズであることが分かって喜ぶかもしれない。しかし、いまだに神を信じていないのならば――あなたが不可知論者や無神論者であるならば――神を信じることが最善の賭けであると分かった

からといって、単純に神を信じ始めようと決意することはできない。つまり、信念とは、都合のいいときに自分の意志でスイッチを入れたり切ったりすることができるものではないように思われる。

パスカルはこのことを認識していた。実際、彼の提案は、無神論者や不可知論者は教会に通い、宗教的儀式を行い、本物の信者たちと付き合うべきだというものだった。そうすればその人たち自身が信者になる可能性が高いからである。わたしたちは何かを信じ始めることができそうな立場に身を置くことを決意することはできるが、ただ信じ始めることを決意することはできない。

信頼と不信についてはどうだろう？　ただ信頼すると決意することができるだろうか？　信頼することを決意できないこともある。ある人は頼りにならないという確固たる信念をもっている場合、わたしたちはその人を信頼しているふりをしたり、その人が自らを証明する機会を与えたりすることを決意するかもしれない。しかし、そのいずれも本当の信頼には至らない。頼りにならないと思われる人に身を委ねるとき、わたしたちは心配し、代替計画を立て、その人が失敗しても驚かない。これらは信頼というよりは不信の表れである。

しかし、不確実な状態から信頼へ移行することを決意する中間地点があるかもしれない。相手が頼りになるかどうかおぼつかない場合には、思いきってその人を信頼すると決意することもあるだろう。そのような信頼は、信頼されることを肯定的に受けとめる人々の信頼性を高め、ひいては信頼するという当初の決意を正当化する可能性もある。さまざまな年齢の子どもをどれほど信頼するかという難しい決意を下すにあたって、親はこのような問題を避けて通ることはできない。信頼を最小化することは〔子どもの身に及ぶ〕危険を最小化するかもしれないが、それは子どもが信頼性を高め、示してみせる機会を最小化することにもなる。

経済学、経営学、人類学、哲学、生物学、社会学など、さまざまな学問分野の研究者や思想家が信頼について研究してきた。そして信頼は、わたしたちの日常生活の中で誰もが遭遇し、また見逃してきたものである。当然、信頼にはさまざまな捉え方があり、文脈が異なれば、それに応じて信頼のさまざまな側面が重要になる。しかし、そのすべてを貫く重要な考え方がいくつかある。すなわち、人や組織に対する信頼は通常、無生物に対する信頼よりも豊かであり、コミットメントは果たされるだろうという期待を伴う。また、わたしたちは信頼〔の領域〕を区別することができ、ある人があることをすると信頼しても、別のことをするとは信頼しない。

信頼には能力と意図の両方に対する期待が含まれており、どちらか一方だけでは信頼に値するとまでは言えない。とりわけ人の言うことを信頼するには、その人の知識に対する信頼と、その人の誠意に対する信頼が必要となる。そして不信は信頼がただ欠けているのではない。ときに信頼と不信のいずれもが要求されることもある。頼りにならないと思っている人を信頼しようと単純に決意することはできないが、不確実な状態から信頼へ移行しようと決意することは場合によってはできるだろう。

ともあれ、信頼と不信がわたしたちの興味を引くのはそれが重要だからであり、どうしてそれが重要なのかに目を向けることなしには探究を進めるべきではないだろう。

第2章 信頼と信頼性はどうして問題になるのか

信頼されることのメリット、不信を抱かれることのデメリット

人々から信頼されると人生はなめらかに進む。適切な信用(credit)の格付けがなされていれば懲罰的な利息を支払うことなくお金を借りることができ、公正な取引に関する評判は中小企業の振興に貢献し、それらしい立ち振る舞いは法廷で自己弁護しなければならない場合に大いに役立つ。

他方、不信を抱かれるとこのようなメリットは受けられず、不信そのものに起因する問題ももたらされる。有罪判決を受けた犯罪者は就職に苦労し、不信を抱かれたごろつきの妻は他の人々と友人関係を維持することができず、会話すらままならない。警察に不信を抱かれた地域や人種の若者は、路上で何度も乱暴な「職務質問」を受けることになる。

信頼と不信がもたらす利益と損害のなかには、わたしたちの健康や富、人生の楽しみなどに影響を与えるような実践的なものもある。しかし、もっと直接的に、わたしたちが誰であるの

かについて、そしてわたしたちの人格の統合性や、自律に対して打撃を与えるものもある。不信はただの不都合ではなく侮辱であり、対して信頼は賛辞となる。わたしが友人や家族、同僚に自分を信頼してほしいと思うのは、ただその方がものごとがなめらかに進むからではない――実際なめらかにはなるだろうが。それだけでなく、わたしはこれらの人々の自分についての評価を重んじており、その評価においては、自分がどれほど信頼されているかが重要な部分を占めているからである。

ときおり、信頼をいくらか減らしてほしいと願うこともある。信頼には期待、それどころか要求さえ伴われ、他者からの評価を気にするのであれば、その期待の水準を下げてほしいと願うかもしれない。そうすれば他人の期待や要求に応じるのか、失望させるのかの二者択一を迫られずにすむからである。信頼が重荷となるのは、自分にはその仕事が務まらないのではないか、最善を尽くしても不十分ではないかと疑われるときである。また、ただ何もしたくないときにも信頼は重荷になることがある。たとえばあなたは母親に対して、自分に対する愛情や信用はありがたいが、自分が仕事から帰宅して毎晩電話をかけるとは信頼してほしくないと思っている。このような状況に対処するのは難しい。電話をかけると信頼されたくはないが、不信を抱かれたいと思っているわけでも、不信に値すると見なされたいわけでもない。むしろ母親に対しては、毎日の自分の電話を、自分の信頼性を試すかのように考えることをやめてほしいのである。

とはいえ、全般的には信頼を受ける側にあることはよいことであり、不信を抱かれる側にあることはきわめて悪いことである。わたしたちはみな、信頼する側であるだけでなく、信頼される側でもある。信頼する側としては、罪のない人を傷つけないように、そして信頼に値しない人を利することのないように、信頼と不信を正しく理解する責任がある。

よく信頼することのメリット、悪く信頼することのデメリット

信頼あるいは不信を抱くとき、他人が何をして、何を言うのか、どのような動機、能力、専門知識をもっているのかについて予期がなされる。わたしたちは社会の絵を描くにあたって、多くの場合、誰がいかなる点において本当に信頼できるのかを見きわめ、正確な絵に仕上げようとする。

とはいえ、ただ正確な絵を描こうとしているわけではない。他人の信頼性をめぐる知的好奇心だけに動かされているわけでもない。誰を信頼するべきかを正しく理解することは、きわめて重要な実践的能力であり、しばしば苦労の末に身につけるものである。不信に値する人(untrustworthy)に不信を抱くことは、わたしたちを搾取、失望、裏切りから守るのに役立つ。そして、信頼に値する人(trustworthy)を信頼することにはそれ自体として利点がある。それは結婚、友情、ビジネスの振興、やりがいのある専門的活動、スポーツチームの成功といったものを支える協力的な共同プロジェクトを切り開くことだろう。

実際、誰を信頼するかを正しく理解することは、一日を無事に過ごすという平凡な営みにおいても不可欠である。わたしたちは目に見えない判断や基準を頼りにして、他人から情報を受け入れる。仮にすべてを直接に確証しようとすれば、生活は成り立たなくなるだろう。信頼を誤ればその代償は厳しいものになりうるが、少なくとも隠者の洞窟に引きこもるのでなければ、信頼と不信のやりとりからひたすら退却するという選択肢はない。

信頼を受け入れることと同様、信頼を寄せることによっても利益はもたらされうる。そしてその利益は、ただわたしたちの生活を円滑にするという実践的な側面にとどまらない。信頼できる人々に囲まれていると、その人々を見きわめたことに誇りを感じる以上に、よい気分になれるだろう。詐欺師の正体を見破ることも誇らしくはあるが、真の友を見つけることはもっと報われるものである。

あなた自身の視点からすると、信頼に値する人を信頼し、不信に値する人に不信を抱くことで得られるものは多い。しかし、考慮すべきはあなた自身の視点だけではない。信頼は価値あるコモディティであり、ほかのコモディティと同様、公平にも不公平にも分配されうる。もし自分と同じ民族的出自をもつ人たちだけを信頼したり、赤毛の人たちすべてに不信を抱いたりすれば、あなたは多くの機会を失うことになるだろう。しかし、それで不利益をこうむるのはあなただけではない。あなたのふるまいは他人に対して不公平な損害を与えるという点で、道徳的な問題を抱えているのである。

では、わたしたちは信頼すること、不信を抱くことにおいて他人にどのような責務を負っているのだろうか？　単純な答えとしては、信頼に値する人を信頼し、不信に値する人に不信を抱くべきだということになる。このように理想的な答えには文句のつけようもないが、残念ながら、他人の魂を見通して、その人がいかなる点で信頼に値するのか、あるいは値しないのかをまるで間違えることなく判別することはできない。神のような力をもたないわたしたちにできることは、手元にあるだけの証拠と時間を用いて公平な評価を下すことにとどまる。

繰り返しになるが、なすべき信頼と不信を抱けという理想に反論することは難しい。だが、証拠があるとすればそれが何を示しているのか、そして時間がどれほどのものを許容するかについては意見が分かれるのも無理はないだろう。判断を保留することが常に現実的な戦略になるとは限らないが、判断を急ぐことは重大な誤りにもつながりかねない。また、より多くの証拠を探し、より多くの時間をかけることそのものが、中立的な態度ではなく、信頼の欠如として受け取られてしまうかもしれない。後の章ではこれらの判断がいかにして下されているのかに関する実証的研究を検討し、わたしたちの判断がどれほど公平で、正確なものと見込めるのかについて考えてみたい。

信頼の欠如がいかにしてその「対象」にダメージを与えるのかは容易に理解できるが、過剰な信頼もまた、受け手がそれを歓迎する、しないにかかわらず、有害なものになることがある。たとえば、子どもたちはしばしば自分自身を守る必要がある。わたしの子どもたちは、自分たちを信頼して付き添いなしで学校に行かせてほしいと考えているが、わたしの考えでは、子どもたちは十分な年齢には達していないし、通学路は必ずしも安全ではない。このような場面では、わたしたちは子どもたちを信頼しないことで彼らを守っているのである。かといって、もしそれが行きすぎれば、すなわち一人で二階で遊ぶことまでも信頼しなければ、責任ある個人としての成長を妨げることになり、子どもたちを助けるどころか、かえって傷つけることになるだろう。

大人に対しても同様に心配しすぎるあまり、相手のためを思って過剰に信頼することを懸念するのはパターナリスティックに思われるかもしれない。しかし、たとえば重度の依存症と闘っている人々に対しては、パターナリズムは正しい態度ともなる。このような場合、どこで線を引くべきかを即答することはできない。過大な信頼がもたらす害と、過小な信頼が相手の自律や自立を損なう害とのバランスを取る必要がある。

これまで「信頼に値するものを信頼し、不信に値するものには不信を抱く」ことがわたしたち自身のために、そしてわたしたちが信頼と不信を抱く対象のために、目指されるべき大原則であるかのように述べてきた。この大原則をどのように実行するかについては、ときに疑問を抱くことになるかもしれないが、それでもわたしたちの目標であることに変わりはない。他方、わたしは重要で複雑な要素を無視してきた。すなわち、信頼を伝えることで人々はより信頼に値するようになる一方、不信を伝えることで人々は不信に値するようになってしまう。わたしたちが扱っているのは閉鎖的で無反応なシステムではない。信頼性に対する判断は、重要な帰結をもたらしうるような介入となる。

哲学者であり議員でもあるオノラ・オニールは、二〇〇二年のレース講義*において、疑いの文化が説明責任の要求をもたらし、それがかえって信頼、そして専門家の責任を損ないつつ、他のことにも使えるはずだった時間と資源をいたずらに浪費してしまうことを主張した。経済学者のブルーノ・フライによれば、雇用主が従業員の仕事ぶりを監視しすぎることで、従業員は自分が信頼されていないと感じ、能力や貢献の構えを示そうとしなくなって、結果的にその仕事ぶりが低下するという逆効果がもたらされるという。通常の善意がそれなりにそなわってさえいれば、信頼は自己実現的な方針となりうるだろうし、これは不信についても同様である。信頼とは賞賛であり、不信は侮辱であるという考え方からすれば驚くべきことではない。わたしたちの多くは、ちょっとしたお世辞にも反応してしまうものである。

*BBC初代会長のジョン・リース卿に敬意を表して、一九四八年に始めたラジオ・テレビ放送される連続講演。

毎年、当代きっての知識人が選任され、講演を行う。

これには限界もある。寄せられた信頼に対して、信頼する側の善意を悪用して応じる人はいる。不信に対して、自分の信頼性を証明しようと決意してのぞむ人もいるかもしれない。それでも社会的相互作用のなかでチャンスを得るためには、介入的な信頼の帰結を天秤にかけなければならないだろう。

信頼することに関して間違いを犯すだけの余裕があるかどうか、騙されやすいというリスクを負うことができるかどうかは、何が問われているか、何を失うことが許容できるか、そして誰の利害が関わっているかによって定まる。雇用主が有罪判決を受けた犯罪者にセカンドチャンスを与えることは賞賛に値するかもしれないが、雇用主が学校関係者で、罪状が児童虐待に関わる場合にはそうではないだろう。多くの場合、信頼をめぐるわたしたちの決定は信頼される側だけでなく、わたしたちが正しい決断を下すと頼りにしてくれる人々にも影響を及ぼすことになる。〔だからこそ、〕疑わしきは罰せず、の方針を他人にやすやすとあてはめるべきではない。わたしたちはただ特権的な地位にあるから、単にリスクや掛け金が低いという理由で、信頼することに対して気軽に取り組んでいるだけかもしれないのである。

〔寄せられた〕信頼に対して、より信頼性を高めることによって応じることができるかどうか、そして搾取されるリスクを冒してまで応じることができるかどうかは、そこで何が問われており、自分の経験が何を教えてくれるかにかかっている。あまり信頼されてこなかった人々は、自分の信頼性を高めようとする機会に乏しく、信頼が寄せられた場合にもなかなか即応することはできないだろう。ここには、長期にわたる不信からこうむる損害の一要素がある。このような環境では、信頼性を高めたところで、それが認められないのであれば意味がない。こうして、何かと不信を寄せられる人々を信頼することが難しくなり、負のスパイラルに陥ってしまうのである。

高信頼、低信頼、ソーシャル・キャピタル

信頼はそれを受ける人々に利益をもたらし、不信は害をもたらす。逆に、信頼をさし向ける人にとっては、(不)信頼性について正しく理解することには多くの利点がある。他人に頼りにされるとき、信頼に関するわたしたちの選択は広く影響をもたらす可能性があり、その帰結は

できるだけ考慮されなければならない。これが、人間関係や日常生活において信頼と信頼性が重要になる理由である。

しかし多くの社会科学者は、「高信頼」あるいは「低信頼」の社会で生活することの影響が、個人と個人の関係を超えて、あらゆる人に影響を与えるとも考えている。「ソーシャル・キャピタル」は物理的資本(装備)や人的資本(スキル)と並び、社会の生産性を高めたり低めたりする資源に位置づけられている。ソーシャル・キャピタルは社会的ネットワークのもつ特徴であり、このネットワークが強化されるほど資本も大きなものとなる。これは「一般的互酬性」の水準に反映されており、わたしたちは何らかの仕方で、間接的に報酬を得ることを期待して、他の人々に好意を向けようとするのである。

たとえば、通りで道を尋ねてくる見知らぬ人に手助けすることを考えてみよう。何も、わたしはこの見知らぬ人の故郷を訪れたときにはその人に再会して親切にしてもらい、直接に道を教えてもらうことができるだろうと期待するわけではない。だがわたしには、自分が困っているときには他人が同じようにして、無理のないやり方で自分を助けてくれるだろうという一般的な期待がある。このようにささやかな親切や援助があふれている社会で生活することは誰にとってもよいことだろう。それは立ち止まって助けようとはしないが、必要とあれば進んで助けを求めるフリーライダーにとってさえそうである。

一般的に、日常生活で出会う人々からそれなりの誠実さと協力を合理的に期待できるなら、わたしたちはたえず確認したり、施錠したり、心配したりすることなくものごとに取り組むことができ、どんなことであれ、より生産的に、より簡単にそれを成し遂げられるだろう。学生のシェアハウスはそのような社会の縮図である。冷蔵庫が六つの別々の牛乳パックでいっぱいになるのは煩わしく、トイレが六つのトイレットロールでごちゃごちゃになるのはもっとひどいことだろう。よりよい解決策はこれら、日用的な消耗品の経済的なコストを分けもち、買い物に行くのを忘れないようにする責任を共有することである。同居人同士がそうした公平な支払いや、買い物に関して日頃からお互いをあてにすることができるなら、これらの負担が非公式に分担されるようになり、学生たちは学校生活のもっと面白い側面に専念できるようになる。反対に、無秩序を防ぐために公式の当番表や、共同資金を設けなければならなくなれば、それ自体が大変な面倒になってしまう。とりわけ、それを苦労して強制しなければならない場合にはなおさらだろう。

当番表や共同資金は、同居人の間で信頼が欠如することに起因する取引コストである。信頼は一般的互酬性とソーシャル・キャピタルの唯一のものではないにせよ、重要な側面をなしており、信頼の向上によって経済的利益を増大させる可能性に関心を寄せる学者、政策立案者、ビジネス関係者の注目を浴びている。組織研究者——ビジネススクールで働いていることが多い——は組織内および組織間の信頼の役割と価値を探求してきた。

信頼、信頼性、そして取引コストは実証的に測定するのが難しいため、確固とした結論は得られていない。ただし、日米の自動車産業の比較研究では、フォードやトヨタのような強力な大企業と、これらに部品を提供する小規模な専門企業の関係に焦点が当てられた。それによれば、部品を提供する企業が、買い手となる大企業に対して高レベルの信頼を示した場合には、これらの企業は大企業とすすんで情報を共有するようになり、取引前の交渉期間、そして取引後のコンプライアンス監視の両面において取引コストが低かった。そのほかの研究の裏付けも得つつ、比較研究の研究者は日本企業の一般的な信頼のレベルが米国企業よりも高いことを指摘した。

この研究を行ったジェフリー・H・ダイヤーとウージン・チューは、その後の報告書を「取引コスト削減における信頼性の役割」と題した。どうして信頼ではなく、信頼性なのか？　ここでも、親密な人間関係の場合と同じように、信頼と信頼性の重要性はともにもち上がり、ともに崩れることになる。信頼はそれが適切にさし向けられる場合にのみ、すなわち信頼に値する人々や組織に向けられる場合にのみ、利益をもたらしてくれる。わたしたちの信頼に値するだけの人々や、組織に向けられる場合である。さもなければ信頼は軽率さや無知となってしまい、とりわけ従業員、学生、子ども、顧客など、他人から頼りにされる場合には危険なものとなるだろう。

同様に、自分の人生について考えるときには、わたしたちは信頼に値することだけでなく、賢明に信頼することも目指すべきだろう。信頼性はそれ自体としてよいものだが、本章で検討された信頼の実践的利益にとっても重要である。信頼は大切だが、信頼性も同じように大切である。不信と、不信に値することが互いに悪影響を及ぼすように、信頼と、信頼に値することは自己強化的な正のスパイラルを形成する。では、どうすれば負のスパイラルではなく、正のスパイラルに入ることができるのだろうか？　信頼はどのようにして始まるのだろうか？

第3章

信頼と協力の進化

――コウモリ、ハチ、チンパンジー

映画では吸血コウモリが夜な夜な出かけては無垢なうら若き乙女の生き血をすする。ところが、現実のコウモリがつけ狙うのは家畜や馬だ。場合によっては不運にも空腹のまま仲間のいる寝ぐらに戻る夜もある。そこまで不運ではなかったコウモリが取り込んだ血をかわいらしく吐き戻し、空腹な同僚に食べさせるのだ。どうしてわざわざそんなことをするのだろうか？

進化論的観点からは、こうした親切な吸血コウモリはとても奇妙に見えるのではないだろうか。ダーウィン流の自然選択を特徴づけているのは適者生存だ。ある生物が他の生物よりも繁殖する、すなわち、自分の遺伝子のコピーを次の世代により多く残すならば、その生物の遺伝子は、群れのあちこちにまで行き渡る。だから、わたしたちがこんにち目にする生物は――コウモリもそれに含まれる――長い長い世代にわたる選別と分類という、繁殖の成功を増進させる遺伝子が有利となるプロセスの結果として生じたものなのだ。

コウモリにとって血を分け与えることは、その個体自身の繁殖の機会を直接的に増加させるものではない。むしろ逆に減少させる。時間と資源を使うことになるし、また、分け与えられたコウモリが生き延び、今後の食料供与とつがいになることに関して競争相手になることを許してしまうからだ。血を分け与える遺伝的傾向をもつコウモリは、そのような遺伝的傾向をもたないコウモリよりも全体としては繁殖に成功しにくく、その結果そのような実践は絶えてしまうように見える。だがそうはなっていない。なぜだろうか？

一九六〇年代まで、生物学者は群選択説に夢中だった。群選択説とは、動物個体は自らの群れのために犠牲になることができ、その結果、たとえ群れの個体が失われようとも、最適群の生存は進化によって保証される、というものである。これにより、親切なコウモリの存在が理解可能になるように思われる。空腹の個体が仲間によって援助されるならば、全体としてはコウモリの集団は繁栄する。だが、生物学者が群れや個体よりも遺伝子のレベルでの選択に注目するようになるにつれて、群選択説はポピュラーではなくなっていった。遺伝選択説は、ジョージ・C・ウィリアムズが発展させ、リチャード・ドーキンスの『利己的な遺伝子』によって有名になった。

遺伝選択説には多くの利点がある。だが、大きな欠点が一つある。見たところ利他的な吸血コウモリや、働きバチのような社会的昆虫の行動を説明できないように見えるのだ。働きバチは女王バチが繁殖できるように命を費やし、自分自身の子どもをもつことはない。なので、単純に各世代で女王バチがだんだん多くなり、繁殖しない働きバチがだんだん少なくなる、とはならないのがなぜなのかは理解しがたい。働きバチの遺伝子が群れの中に残り続けるのはなぜなのだろうか？

ハチに関しては、答えは家族関係にある。働きバチは女王バチの娘であり、彼女らが育てる幼虫はきょうだいにあたる。わたしたち人間、および他の多くの動物は、典型的には同じ数の遺伝子を子どもと共有しており、これはきょうだいについても当てはまる。だがここには、働きバチが、彼女らがもったかもしれない子どもよりも密接に彼女らのきょうだいと関係している、ということを意味する生物学的ねじれがある。つまり、働きバチはもったかもしれない子どもよりもきょうだいと多くの遺伝子を共有しているのだ。よって、遺伝子から見れば、働きバチがきょうだいの世話をするのは理解可能なのである。それは、自分たちの遺伝子を次の世代へと引き継ぐことを確実にする最良の方法なのだ。

この説明——「血縁選択」として知られている——は家族を助けるために自身の利益を犠牲にしているように見える生物の存在を理解可能にする。しかし、吸血コウモリの説明には役に立たない。なぜなら、吸血コウモリはとても遠い親戚でしかない仲間にすら血を分け与えるからだ。吸血コウモリの群れの中に利己的な遺伝子がすぐに広まったりしないのはなぜなのか、これが一番の謎なのだ。仲間に血を分け与えないコウモリがいたとしよう。こいつは仲間から血を分けてもらえることから利益を得るが、仲間を助けることはしない。この行動はよい結果をもたらしそうに見える。

夜な夜な吸血コウモリの研究に挑んできた科学者たちは、血を分け与えるのが一方通行ではないことを発見した。血を分け与える夜もあるが、あまり成功しなかった夜には吐き戻された血を受け取る方に回ることもある。そしてその次の夜には分け与える方に回るのだ。さらに、コウモリたちは誰が誰を助け、誰が誰に助けられたのか、そしてお返しがあったのかを把握しているようでもあった。お返しされなかったとき、それ以降、他のコウモリを助けることは厭わないのに、その特定のコウモリを再び助けるのは拒んだのだ。この行動パターンは「互恵的利他主義」として知られている。これは騙そうとするものにはペナルティが与えられるという用心深い援助システムの一種である。

この種の行動の結果は、ロバート・アクセルロッドとウィリアム・D・ハミルトンがコンピュータ・シミュレーションを使って調査している。幸運にも、彼らは仲間を助けるコウモリと助けないコウモリを訓練してからどちらも解き放ち、より多くの赤ちゃんをもつことに成功するのはどっちのコウモリかを確かめたりする必要はなかった。その代わりに、ペアとなったコンピュータが相手を助けるかどうかを繰り返し「決定」しなければならないという状況を設定した。異なるコンピュータには異なる戦略が与えられた。たとえば、あるコンピュータは常に助けるという戦略が与えられた一方で、別のコンピュータには決して助けないという戦略が与えられた。次のような「しっぺ返し」戦略を与えられたコンピュータもあった。そのコンピュータは、他のコンピュータに初めて出会ったときは常に助けるが、次にそのコンピュータに出会ったときは、何であれ前回出会ったときにされたことをするのだ。

しっぺ返し戦略コンピュータ同士が出会ったら、どちらもお互いを助けることから始め、その後も毎回協力し続ける。しっぺ返し戦略コンピュータが常に助けるコンピュータに出会う場合や、常に助けるコンピュータ同士が出会う場合も同じことが生じる。しっぺ返し戦略コンピュータが常に助けないコンピュータに出会ったら、初回に一方通行の援助があり、その後はどちらも相手を助けることはない。もし常に助けるコンピュータが常に助けないコンピュータに出会ったら、一方通行の互恵的でない援助が続く。

このシミュレーションでは、それぞれのコンピュータはポイントの増減によってスコアがつけられる。すなわち、助けるにはポイントが必要で、助けられることで得られるポイントは助けるのに必要なポイントより大きい。平均的なしっぺ返し戦略コンピュータは平均的な常に助けるコンピュータや平均的な常に助けないコンピュータより最終的には多くのポイントを獲得した。どうしてそうなったのだろうか。しっぺ返し戦略コンピュータと常に助けるコンピュータの出会いに限れば相互援助によりどちらにも利益がある。だが、常に助けるコンピュータは、常に助けないコンピュータに出会うたびに繰り返し利用されてしまう。よって、しっぺ返し戦略コンピュータは常に助けるコンピュータより全体としてはよいスコアになる。そしてしっぺ返し戦略コンピュータは常に助けないコンピュータよりもよいスコアになる。常に助けないコンピュータは利用されないが、多くの利益を生む相互援助にも関われないからだ。

もしポイントをもつことが子どもをもつことだったら、しっぺ返し戦略コンピュータは、異なるコンピュータが異なる戦略をもつ混在群においてですら、最終的に他より多くの子どもをもつことになるだろう。「不正」を試みるコンピュータ――常に助けないコンピュータ――が繁栄することはない。このことは吸血コウモリの行動を説明する。吸血コウモリは血を分け与えるかどうかに関してしっぺ返し戦略のように見えるものを採用している。すなわち、必要とされるときには血を分け与えるが、以前にお返しをしていなかったら、飢えたコウモリであっても分け与えない。しっぺ返しコウモリは常に助けるコウモリや常に助けないコウモリよりも多くの子どもをもつだろう。よって、この行動は群れに広まるだろう。

しっぺ返し戦略が成功するには条件が整っていなければならない。第一に、資源に限りがあり、しかもその資源は分け与える方より分け与えられる方により高い価値がなければならない。血を分け与えることは分け与える方にとっては小さな犠牲だが、与えられる方にとっては生死を分かつことすらある(このことはコンピュータ・シミュレーションでも反映されていた。助けることのコストは、助けられることから得られる報酬より小さかった)。第二に、それぞれの個体は繰り返し他の個体とやり取りをしなければならない。第三に、それぞれの個体は相手を識別できなければならない。もし吸血コウモリが互いを見分けることができなかったならば、血を分け与えたコウモリがその後にお返しをしてくれたかどうかを追跡することはできなかっただろう。第四に、それぞれの個体は過去の履歴に応じてやり取りの仕方を調整できなければならない。もし腹を空かせた物乞いが近寄ってきたら常に吐き戻すという抑制不可能な反射行動が吸血コウモリにそなわっていたならば、お返しをしなかった仲間を懲らしめることができなかっただろう。

チンパンジーはこれらの条件をすべて満たしているように見える。フランス・ドゥ・ヴァールと彼の共同研究者は捕らえられたチンパンジーの群れを数年を費やして観察した。最初はオランダのアルンヘム動物園、後にアメリカのヤーキーズ国立霊長類研究センターで。彼らの記録によれば、チンパンジーの群れは高度に発展した互恵的利他主義システムをそなえており、動物たちは以前の出会いに応じた仕方で食料や毛繕い行動の交換を行う(小さな子どものいる人間の家族の生活では、一方通行の食料の供給や身繕い行動があるように思えることもある)。

しかしながら、ドゥ・ヴァールら研究者たちが記しているように、捕らえられたチンパンジーには食料が気前よく与えられており、自由な時間や毛繕いの時間はたっぷりあった。ほとんどの食料の交換は、研究者たちがチンパンジーの環境に持ち込んだ特別なごちそうと結びついていた。したがって、こうした状況下での行動から、分け与える側にとって「利他主義」による負担がより大きくなる可能性が高い野生での行動を直接的に導き出すことはできない。同様に、困窮状態で生きている人間は、恵まれている人なら容易にできる言動に苦労するかもしれない。

社会的ジレンマ

吸血コウモリやチンパンジーのように、わたしたち人間はしばしば、助け合うべきかどうか決断しなければならない状況に直面する。ときには決断は容易だ。他人がしてくれることが何だろうが、自分にとって都合のいいことがたまたま他人を助けることになるということもあるからだ。わたしが自分自身の楽しみのために自宅の前庭を美しく整えたとしよう。他人もわたしの家を通るたびにその眺めを楽しむだろう。わたしが自分の庭から得る楽しみは他人がしてくれることに依存してはいない。彼らが得る楽しみは付随的なものだ。わたしの隣人も庭を美しく整えたなら、わたしはそれを見ることで利益を得るだろう。でもそれは、わたしが自分の庭から得るものに影響を与えない。

これは素敵なことだし、庭は整えるべきだ。だが、多くの社会的状況では、もっと困難な決断が迫られる。わたしたちのグループが生活のために小さな池で魚を獲っているとしよう。わたしたちがみなほどほどに魚を獲るなら、魚の総量は維持され、わたしたちはいつまでも生活のために魚を獲り続けることができるだろう。わたしたちがみな貪欲に魚を獲るなら、近いうちに魚は一匹もいなくなる。ほどほどに魚を獲る方を選ぶべきであるように見える。だが待ってほしい。もし他の全員がほどほどに魚を獲るなら、あなたは貪欲に魚を獲っても、魚を獲り尽くしてしまうというリスクなしに利益を得ることができる。そしてもし他の全員が貪欲に魚を獲るなら、あなたがどれだけ獲ろうが近いうちに魚は一匹もいなくなる。よって、貪欲に魚を獲るという短期間の利益を得てもかまわない。他の全員がどうしようが、あなたは貪欲に魚を獲る方がよいのだ。

このような状況を「社会的ジレンマ」という。社会的ジレンマでは全員を考慮に入れるならば、全体的に見て最良の選択は全員が協力することだ。すなわち、ほどほどに魚を獲ることである。もしわたしたち全員の福利を気にかけてくれるような第三者がいるとすれば、その部外者は、わたしたちがほどほどに魚を獲るよう願うだろう。しかし、他人がしてくれることが何だろうが、わたしたちの一人ひとりは貪欲に魚を獲ることによって個人的には利益を得られる状況にある。多くの環境問題の核心には、これと同じ根本的な社会的困難がある。どうしてわたしは気候変動と闘うために暖房を弱めるべきなのだろうか。他の誰もが設定温度を下げないのなら、地球の終わりの日まで快適にしていてもかまわないだろう。そして、他の誰もが設定温度を下げるのなら、わたしが座ってくつろいでいても、この星は救われるのだ。

部外者がわたしたち全員に対して、ほどほどに魚を獲る、設定温度を下げる、自分ひとりの利害よりも共同体全体の利害を優先するよう勧めるにはどうすればよいのだろうか。部外者ならぬわたしたち自身がこれを達成するにはどうすればいいのだろうか。社会的ジレンマが解消されることもときにはある——天然の資源が適切に管理されている場合がそうだ。また、公共の利益のために個人的な犠牲を払うこともときにはある。だが、どのように管理すればよいのだろうか。人が偏狭な自己利益を乗り越え、他人と協調することができる条件や状況とはどのようなものなのだろうか?

経済学者のエリノア・オストロムは、中央政府による規制も個人所有もなしに財産を地域でうまく管理する方法に関する研究で二〇〇九年のノーベル賞を受賞した。授賞式でオストロムは次のように述べた。「何度も何度も何度も繰り返したい五文字の言葉があります。それは

「信頼(trust)」です」。オストロムによれば、そのような信頼が芽生えるのを促しうる条件には、状況が長期にわたること、他人の評判を知る機会があること、関係者全員の間でコミュニケーションが可能であることが含まれる。

不正の検出

もしかすると、コウモリとチンパンジーの例に続けて進化に訴える説明がここで助けになるかもしれない。わたしたち人間は、しっぺ返し戦略によって繁殖に成功したために、他人とのやり取りではその戦略を用いるように進化したのではないだろうか？　人間は自然選択の産物である。このことにはほとんど異論がない(あるいは、あるべきではない)。しかし、この事実によってわたしたちの個人的な行動や社会的な行動、あるいは現代的な思考パターンが説明できるかどうかという点については、おおいに論争の余地がある。多くの人がそのような説明を疑わしく思っている。その理由はとりわけ、これまで人間に関する進化論的な考え方が、あやしげな退行的な社会的目的のために用いられたことがしばしばあったからだ。だから、わたしたちが進化によって得た遺産を認めるにしても、注意深く歩みを進める必要がある。この遺産が人間の行動や社会的な相互行為をあらゆる面で説明する最良の、あるいは唯一の説明だ、とか、わたしたちがそうするよう「進化」したのであれば、そうすることは道徳的に正当化される、といった想定をただちにしてはいけないのだ。

進化心理学者は、少なくともわたしたちの思考や行動の側面の一部に関しては、何千年も前の自然選択の結果として説明可能だと考えている。それはつまり、ある種の行動のタイプや思考のパターンは、わたしたちの先祖が狩猟者であり採集者であった時代には好都合だったのだろう、というものだ。その時代とは、二六〇万年前から紀元前一万年まで続いた更新世である。このような長い期間に、わたしたちの先祖にとって好都合な行動や思考に有利な遺伝子が群れの中に広まっていき、おそらくは今でもわたしたちと共にあって、今日のわたしたちの行動や思考に影響を与えているのだ(わたしたちにとって不運なことに、更新世の間に効果的だった思考や行動は、二一世紀ではきわめて有益というわけにはいかないかもしれない)。よって、むかし好都合だったのはどの種の思考や行動なのかを立証することが——どうにかして——できれば、現在のパターンを同定し、説明する助けになるだろう。

この方法の古典的な例が、互恵的利他主義の文脈で行われたコスミデスとトゥービーの「不正検出」モジュールに関する議論である。しっぺ返し戦略が他の生物をうまく扱うことに成功する安定的な戦略であるためには、多くの条件が満たされる必要があることを思い出してほしい。しっぺ返し戦略がうまく働くには、この戦略を用いる生物は、互いに識別しあい、やり取りを追跡し、履歴と照らし合わせて行動を調整することができなければならない。不正を働いたものにペナルティを与えることができなければならないのだ。コスミデスとトゥービーは、わたしたちは実際に不正を働いたものを追跡するという特有のスキルを有しているように見えると論じる。その証拠は、抽象的な原理を追跡する才覚と社会的な規則を追跡する才覚の比較からくる。

テストしてみると、ほとんどの人は「もし……ならば――」という形式の規則を使って考えることに、とんでもなく秀でているということはない。両面に文字が書かれたカードが四枚、テーブルに並んでいるとしよう〔図3-1のように〕。

どのカードにも片方の面にはアルファベットが一文字書かれており、もう片方の面には数字が一つ書かれている。あなたがすべき課題は、次の規則が適切に実行されているかどうかを確

図3-1 カードには，このように文字が見えている（訳者作成）

かめることだ。その規則とは、もしカードの片方の面に母音が書いてあるならば、もう片方の面には奇数が書かれていなければならない、というものである。この規則が守られていることを確かめるために、裏返す必要があるのはどのカードだろうか（複数のカードを裏返してもかまわない）。実際に考えてみてほしい。

ほとんどの人は、Eのカードだけか、Eのカードと3のカードだけを裏返す。だが正解は、Eのカードと8のカードを選ぶことだ。どうしてか。Eは母音だ。だから、裏側に奇数が書かれてあるかどうか確かめる必要がある。8は奇数ではない。だから、裏側に母音が書かれていないかどうか確かめる必要がある。もし母音が書かれていれば、この規則が守られていないことになる。3のカードの裏側に何が書いてあるかは問題にならない。なぜなら、この規則は、裏側に奇数が書いてあるのは母音が書かれたカードだけである、とは言っていないからだ。

たった四分の一の人しかこのテストの正しい回答にたどり着けなかっ

図3-2　カードには，このように文字が見えている（訳者作成）

た。しかし、細部を変更すれば、このテストはずっと易しいものになる。別のカードがあるとしよう（図3-2）。

これらのカードはバーにいる四人を記述したものだ。どのカードも片方の面には飲み物が書かれており、もう片方の面には年齢が書かれている。今回の規則は、もしビールを飲んでいるならば、その人は十八歳以上でなければならない、というものだ。この規則が守られていることを確かめるために裏返す必要があるのはどのカードだろうか（複数のカードを裏返してもかまわない）。今回は前より簡単だ。「ビール」と書かれたカードを確かめる必要がある。裏側に書かれているのが十八歳未満の年齢でないかどうかを確かめるためだ。そして「十七歳」と書かれたカードも裏側に「ビール」と書かれていないかどうかを確かめる必要がある。「二十四歳」と書かれたカードや「ジュース」と書かれたカードを確かめようという気持ちにはほとんどならないだろう。なぜなら、この規則は、十八歳以上の人はビールを飲まねばならない、とは言っていないからだ。

この第二のテストでは四分の三の人が正しい回答に到達することができる。どうして差があるのだろうか？　抽象的な言葉を使って言えば、両方のテストは同じ形式をしている。四枚のカードがあり、どのカードも両面に何か書いてある。そして規則は「もし……ならば――である」という形をしている。論理的には、この二つの課題の間には何の違いもない。なのに、最初のテストの結果よりも第二のテストの結果の方がよいのである。さらに変更を加えられたテストにより、規則が社会的規範、とりわけ、利益(たとえば、ビールが自由に飲めること)を得るために満たさなければならない条件(十八歳以上であること)についてだとうまく適用できることが示されている。

面白いことに、上司と部下の両方に対して次の規則をテストした研究者がいる。もし休日に出勤するならば、その人は平日に休暇を取らねばならない。部下はごまかす上司を見つけるのにすぐれていた。休日に出勤したにもかかわらず取る資格のある休暇を取らない人がいるのだろうか？　それに対して、上司はこのことにほとんど注意を払わなかった。その代わりに、休暇をとったのに休日に出勤していない者がいないかを確かめたのだ。このことは文面で明示的には禁止されていないにもかかわらず（たとえば、業績がよかったらその週に休暇を取る資格があるかもしれない）。わたしたちはみな、不正を見つけるのが上手だ。だが、何が不正にあたるかは、立場によるのである。

大規模なしっぺ返し

このように、わたしたちは不正を検出するという特技をそなえている。事実を知っていて、かつ規則も知っているならば、両者を合わせて悪事を見つけるという小役人のような才能をわたしたちはそなえているのだ。そしてこのことは、社会的ジレンマに繰り返し遭遇する群れでしっぺ返し戦略が成功するための前提条件の一つだ——もし長期にわたる集団的成功のために短期の自己利益を犠牲にすべきであるのならば、他の人が集団的成功に確実に寄与するよう、不正を働いた者を見つけてペナルティを与えることが求められる。

しかし、しっぺ返し戦略には他の必要条件もある。資源が制限されていて、やり取りは繰り返され、他の個体を認識する能力をもち、他の個体とのやり取りに応じて行動を調整する能力をもっている必要がある(これらはまさにエリノア・オストロムが地域社会での信頼に結びつけている条件であるように見える)。現代社会では、わたしたちが集団で行うプロジェクトの多くは、決して出会うことのない人同士を結びつける――たとえば、気候変動と闘うこと、水産資源を守ること、安全な路上環境を維持することなどのプロジェクトがそうだ。警察や法制度、政府を通じて実現されている国家の装置は、しっぺ返し戦略にとって適切な条件を生み出すために欠かすことができない。なぜなら、個人としてのわたしたちが、こうした大きな事業に協力しない者を同定したりペナルティを与えたりできることは、めったにないからだ(そしてこれは実務上の問題だけではない。法制度の外にある略式の私人裁判を避けることにはとても十分な理由がある)。実際、これらのプロジェクトで取り組まれている問題の多くは、国境を越え、大規模な困難を生み出す。わたしたちの不正検出モジュールができることはここまでである。

最後に、不正検出によって可能になる互恵的利他主義は、信頼や不信、信頼性とどのような関係にあるのだろうか？　しっぺ返しするものは、コウモリであれチンパンジーであれ人間であれ、お返ししてくれると期待しながら誰かに親切にすることから始める。もしお返しがなければ、もはや親切にはしない。これは、ある種の信頼行為として記述することができる。すなわち、裏切りがあったら、親切にされた方が信頼に値しないことが判明したという理由で終了できる行為である。

あるいは、このことをリスク計算の観点から記述することもできるだろう。親切にする者は、同僚の将来の行動に関して小さな賭けをしているのだ。その賭けに成功すれば、将来の同種の賭けに関する自信が深まる。失敗しても、損の上塗りをしない程度には分別がある。

計算してリスクを取ることと信頼することは、信頼がしばしばリスクを取ることに関わるとはいえ、まったく同じというわけではない。構図をひっくり返して、親切にされた方が負う義務について考えてみよう。頼んでもいないのに思いがけず誰かから親切にされたのなら感謝すべきである。だが、信頼性は互恵的であることを強制しない。あなたがそのことを隠さない限りは。「ありがとう、でも、お返しはできないよ」と言ってもまったく不誠実ではない。もちろん気まずく感じることもあるだろう。それはときには親切を受け取らないことを選ぶ理由になる。しかし、信頼に値する人であることは、協力したがっている人全員と協力することや、あなたに賭けてみる人全員が報酬を得られるようにすることを要求してはいない。信頼性はコミットメントを果たすよう要求する。それでも他の人の期待や希望に応えることを常に要求したりはしない。

加えて、純粋に計算のみに基づいて、お返しに自分の背中を掻いてくれるだろうと期待しながら「親切」にしてくれる人がいたとしても、信頼されているという感じはしないだろう。たとえ喜んでお返しをするとしても、それが双方に都合のいい取り決めとは異なる信頼関係だとは必ずしも感じられないだろう。信頼、および信頼性は、このような出発点から芽生えるものかもしれないが、成功するやり取りが常に信頼の実例になるとは限らないのである。

このようなやり取りについて信頼や信頼性の観点で考えることは、有益な短縮表現になるかもしれない。だが、そうする場合、「信頼」という言葉がどれほど多様な意味を担いうるのかを心に留めておかねばならない。血を吐き戻すコウモリから、複雑な対人関係に見出される信頼や不信へと至る単純な歩みは存在しない。複雑な対人関係では、道徳的カテゴリーであるとか、憤り、自尊心、怒りの感情が容易に関わってくるし、互いに対するコミットメントを明示的に引き受けることが可能なのだ。

第4章
金を持って逃げろ

信頼ゲームをプレーする

馴染みのないバーで、初対面のダニエルとおしゃべりをしていると、経済学者が目を輝かせ、現金がたくさん入った財布をもって近づいてきた。彼女はあなたに一〇ドルを差し出した──そのお金はあなたのもので、望むならばすぐにポケットに入れることができる。しかし、あなたにはもう一つの選択肢がある。一〇ドルの一部または全部〔Xドル〕をダニエルに渡せば、経済学者は差し出した現金を三倍にしてくれる。もしあなたが四ドルをダニエルに渡せば、経済学者はさらに八ドルを追加し、彼は合計一二ドルを手にすることになる。そして、ダニエルはその分を自分のものにすることもできるし、一部または全部〔Yドル〕をあなたに返すこともできる〔図4-1〕。

あなたは最初、いたずらではないかと疑うことだろう。結局のところ、誰がバーでタダで金を配るものか？　ダニエルもグルなのか？　しかし、経済学者はあなたに身分証明書──大学

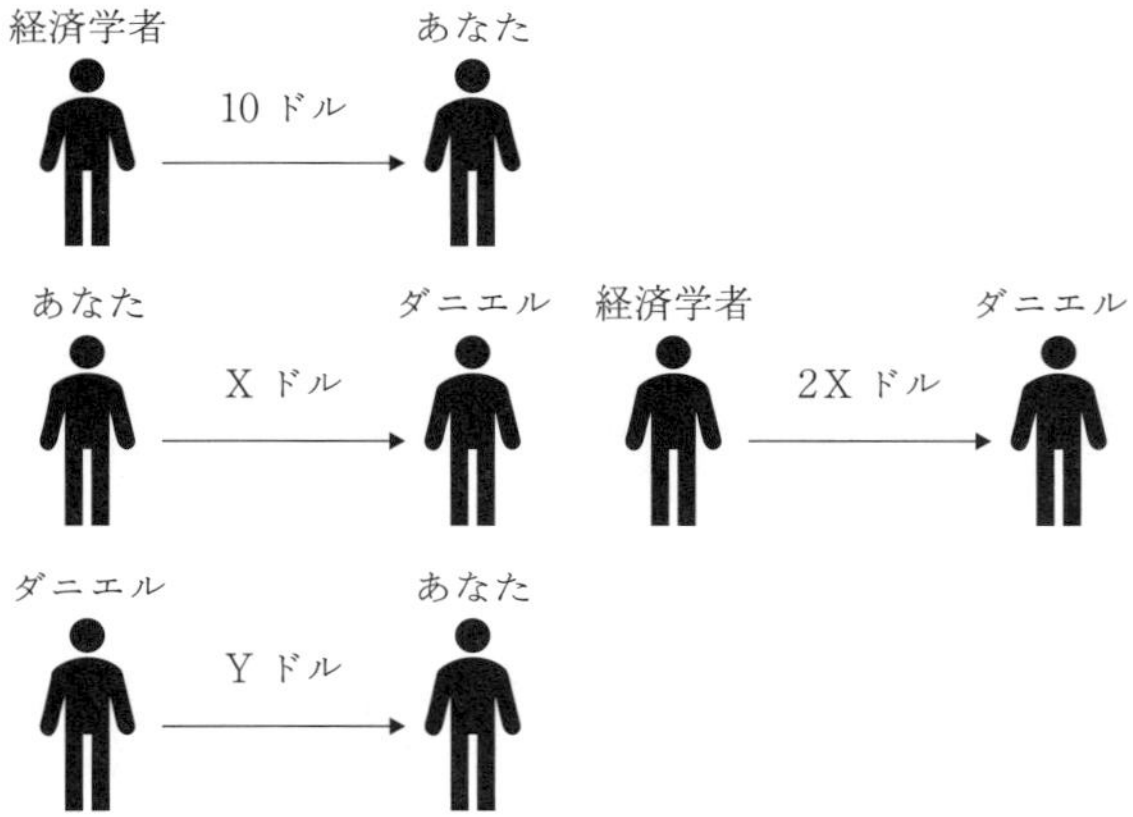

図 4-1　信頼ゲーム(訳者作成)

の実験者免許証、アメリカ経済学会の会員証——を見せる。バーテンダーも彼女が毎晩来ていることを認めた。これまでも彼女は現金と選択肢を提示し、約束を最後まで守っていたと。そして、あなたは彼女が差し出す一〇ドルを受け取る。

どうしたらよいか？　経済学者が三倍にしてくれたら利子をつけて返してくれることを期待して、ダニエルにいくらか渡すか？　渡すのはリスクだろう。ダニエルの行動を予測する必要があるが、あなたはダニエルのことをほとんど知らない。

ダニエルにとって合理的なのは、手にしたものはすべて手元に残し、彼の取り分を最大化することであるかのように見えるだろう。結局のところ、その段階では、彼は現金を手にしており、あなた

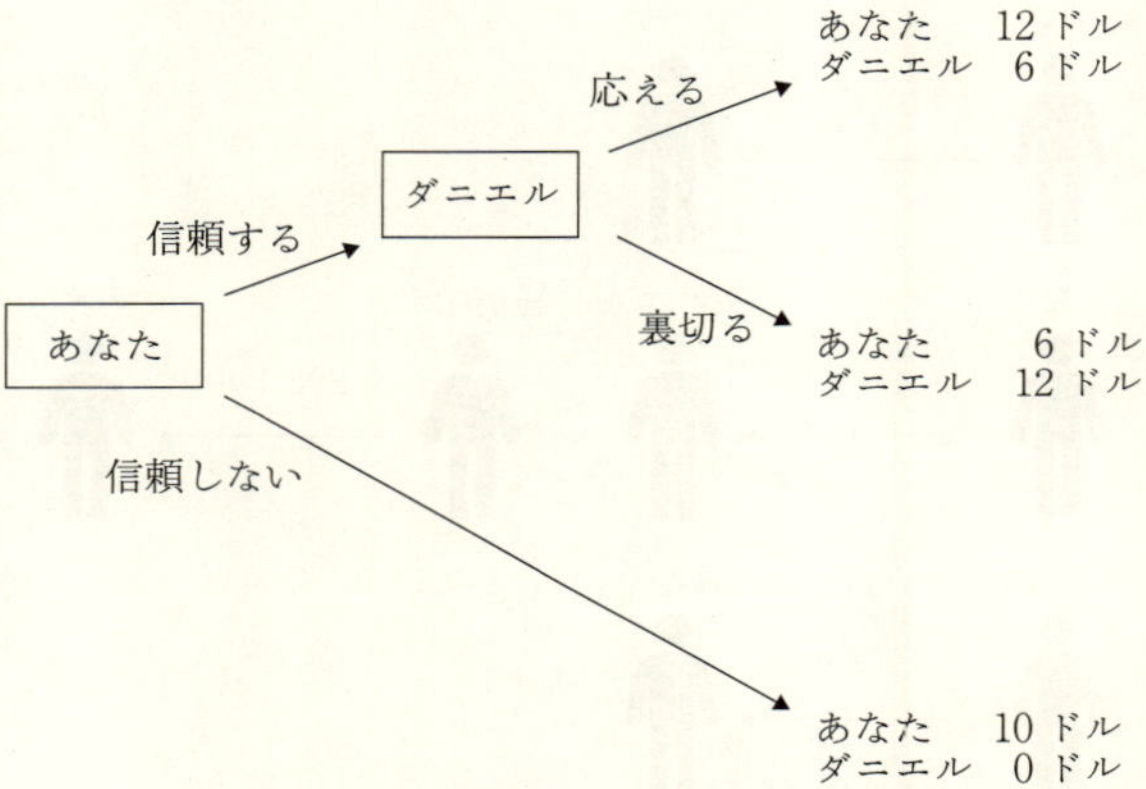

図4-2　信頼ゲームの例（展開形，訳者作成）

にいくらかを返すことは彼の状況を不利にするだけである。そして、もしダニエルがいくら得てもそのままにしておくのであれば、あなたは一〇ドルをそのままにして、そこでゲームを終えるべきだ。

しかし、それはもったいないことではある。そうすれば、あなたは一〇ドルを手にし、ダニエルは何も手にしない。もしあなたが彼に四ドルを渡し、それを経済学者が一二ドルに変えたとしたら、彼はそれを分けて六ドルを返し(あなたの取り分は合計一二ドルとなる)、六ドルを自分のものにするかもしれない。合わせて、あなたがたは経済学者から一〇ドルではなく、一八ドルを受け取ったことになる。あなたがダニエルに賭けて、かつ彼があなたの期待に応えてくれれば、あなたたちは二人とも得をすること

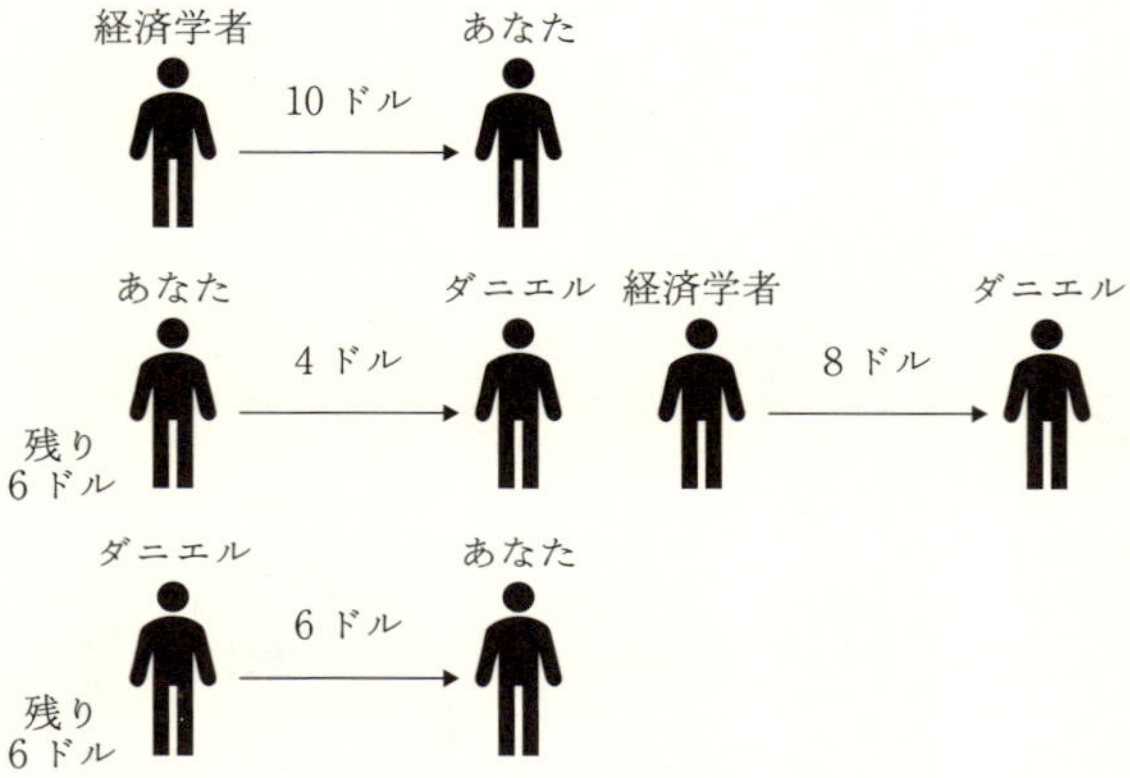

図4-3 信頼ゲームの例(訳者作成)

になるのだ。さて、あなたはどうするだろう?(図4-2、図4-3)。

経済学者は原則として、バーに出入りする見知らぬ人にお金を渡そうとはしない。しかし、大学を説得して、研究室に出入りする学生にお金を渡そうと(そして実験を行おうと)することはある。今述べたシナリオは「基本的な信頼ゲーム」と呼ばれるもので、実験対象者が互いに隠れてコミュニケーションを取れないように設定されている。しかも、対象者は一ラウンドきりのプレーで、数ラウンドにわたって信頼関係(rapport)を築くチャンスはないと告げられる。人々がどのような選択をするとあなたは考えるだろうか?

三二人の対象者に最初の一〇ドルを渡したところ、

驚くべきことに三〇人が少なくともいくらかはお金を譲り渡し、その平均額は五ドルあまりだった。その結果、三〇人の幸運な受取人ができ、単に現金を受け取ってその場を立ち去るか、あるいは彼らの「投資家」にいくらか返すかを決めた。一二人はその場を立ち去ったが、一八人は少なくとも一ドルを送り戻すことに決めた。その一八人のうち一一人は、(経済学者が三倍にする前の)最初にもらった額よりも多い額を返し、投資家が利益を上げることを確実にした。平均して、五ドル以上を渡した投資家は、渡した額以上の金額を返してもらうことで、その寛大さに見合う金額を得ることができたが、五ドル未満しか渡さなかった投資家は、おおむね取引で損失を出した。

これらのゲームのおかげで、モルモットとなった学生は教授から数ドルを搾り取ることができる。しかし、それが主な目的ではない。研究者たちにとって、この結果は次のことを示唆している。

- 信頼には高いリスクが伴う。
- 信頼は信頼する側に利益をもたらしうる。

●ある人が他の人を信頼すれば、その人も信頼された人も両者とも利益を得ることができる。

●人々は自分の利益のように思われるものに常に従うとは限らない。

●人々は、他の人がその人たち自身の利益に思われるものに従うことを予期しない。

研究室で、学生が見知らぬ人とドル札を交換することから、これらすべてがどのように生じるのだろうか？

●信頼には高いリスクが伴う。最初に現金の一部を譲り渡すことを決めた三〇人のうち一二人は、受取人が単に三倍になった全額をポケットに入れただけとなって、損をした。

●信頼は信頼する側に利益をもたらしうる。最初にお金を譲り渡した人の何人かは、投資した金額よりも多く戻ってきたので、元の一〇ドルよりも多くを持ち帰った。

●ある人が他の人を信頼すれば、その人も信頼された人も両者とも利益を得ることができる。金銭の取引が行われたとき、経済学者が受け取るお金を三倍にしたため、余分なお金がゲームに入り、実験のケースによっては、この余分なお金が実験対象者の間で共有された。

• 人々は自分の利益のように思われるものに常に従うとは限らない。現金を受け取った三〇人のうち一八人は、自分たちには何の利益にもならないにもかかわらず、その一部を返すことを申し出た。
• 人々は、他の人がその人たち自身の利益に思われるものに従うことを予期しない。当初の三二人のうち三〇人は、たとえそれが受取人にどのような利益をもたらすか、明らかではなかったにもかかわらず、受取人が自発的に現金を返してくれることを予期するというリスクを取った。

日常的な観点から見れば、これらの結果はそれほど驚くべきものではない。わたしたちのほとんどは、信頼するそのリスクの大きさについてよく知っている。誠実でない恋人、いかがわしい取引業者、見て見ぬふりをする同僚(わたしたちのうちで最も不運な人はこの三つすべてに苦しんでいる)に耐えてきた。しかしわたしたちは、人々が信頼して協力し合えば、関係者全員の利益となる多くのことが成し遂げられることを知っている。そして、他人が純粋な自己利益だけで動いていると予期するほどひねくれた人間はほとんどいない。基本的な信頼ゲームは、わたしたちに何か新しいことを教えてくれるのだろうか？

ゲームの結果が示すのは、このような行動は、研究室という完全に人工的な状況を含め広く見られるということだ。そこでは、人々は見知らぬ人と少額の現金で、馴染みのないルールにしたがって、後腐れや風評被害がないことが保証された状態でプレーしている。このような奇妙な状況であっても、まったく見ず知らずの人を信用して自発的にお金を返してもらうチャンスを得ることは、ごく普通のことである。そして、その信頼するギャンブルが報われることはよくあることなのだ。

このゲームによって、研究者は信頼する行動と信頼に値する(trustworthy)行動を——信頼する投資に対する収益率を計算したり、協力者と非協力者の数を記録したりすることで——数値化することができる。数字があれば、ゲームをさまざまな方法で、あるいはさまざまな状況下で、おそらく国籍や年齢層が異なっても、その結果を比較することができるからだ。これは信頼するという行為に何が影響しているのかを解明するのに役立つかもしれない。すなわち、何によってわたしたちは信頼しやすくなるのか、あるいは信頼できるようになるのか、そしてどのような状況が不信を助長するのか。

基本的な信頼ゲームのヴァリエーション

基本的な信頼ゲームでは、お金を受け取った側には、二度と会うことのない見知らぬ人にいくらか返すことをせず、三倍になった現金を持って逃げてしまおうという強い動機がある。しかし、このゲームが数ラウンドのうちの最初のラウンドになると知っていたらどうだろう？（別の学生を対象とした）追加実験では、対象者全員にゲームを二ラウンド行うことを告げた。経済学者が一〇ドルを提供し、第二プレーヤーに譲り渡されたものを三倍にし、戻ってくるものがあればそれを待つ。そして、経済者はもう一〇ドルを第一プレーヤーに渡し、再びゲームを行う。

今回は、第一プレーヤー全員がいくらかのお金を譲り渡し、ほぼ半数が全額を送った（なぜ一回限りの信頼ゲームよりも寛大だったのか？　彼らは、受取人には、協力する金銭的インセンティヴがあり、それが第二ラウンドで信頼される可能性を高めることになると考えたのである）。そして、彼らの寛大さは報われた。ほとんどすべての受取人が、第一プレーヤーが送った以上の額を返したのである(三倍になったということは、第一ラウンドではやはり利益があったということである)。

第二ラウンド。第一ラウンドで敗退した数少ない第一プレーヤーたちは、大金をつぎ込むわけにはいかないと考え、そこで試合を終えた。羹《あつもの》に懲りて膾《なます》を吹く(一度の失敗に懲りて必要以上に用心してしまう)である。残りのほとんど全員が、パートナーが二回目のお返しをする可能性に賭けて、いくらかのお金を送った。しかし、半数以上は送った金額より少ない額を受け取り、失望した。多くの受取人は第一ラウンドではお金を返したが、第二ラウンドでは返さなかった。

つまり、第一ラウンドでの人々の行動は非常に協力的である。受取人は賢明にもよい評判を確立しようとするし、第一プレーヤーもそれを期待している。二回目の最終ラウンドになると、このようなことはほとんどなくなり、人々はいっそう自分の短期的な利益に目を向けるようになる。それでも、かなりの数の受取人が第二ラウンドでお金を返している。

基本的な信頼ゲームの他のヴァリエーションとしては、実験対象者が互いについてより多くの情報を与えられるというものもある。その結果、笑顔は本当に世界を動かすことが分かった。第一プレーヤーは、写真で受取人の笑顔を見た場合、彼女にお金を渡す可能性が著しく高くなった。また、同じチームの誰かと一緒にプレーしていることを知ると、現金を渡す可能性が高くなる——カリフォルニア大学ロサンゼルス校の学生は、自分のフラタニティ（友愛会）のメンバーとペアを組んだと分かると、より協力的になった。

こうしたゲームは数値化しやすいため、研究者は国際比較研究を行うこともできる。社会心理学者の山岸俊男（一九四八—二〇一八）は、信頼ゲームのヴァリエーションに対する日米の反応を数多く比較検討した。山岸は、日本人は合意を支える社会的構造やサンクション（賞罰）に依拠する傾向が強く、そのようなサンクションが適用されない人工的な実験室の状況では、見知らぬ人を信頼する傾向は弱いと論じている。これは、他の研究者たちによって支持されている、日本文化は米国文化よりも一般的に人々をより信頼するように奨励されているという考えとは対照的である。山岸によれば、この違いは日本社会におけるセーフガードの違いによるものであり、信頼に対する基本的な性向の違いによるものではないという。

最後に、「神経経済学者」ポール・ザックは（この言葉を発明したのは彼だ）、信頼ゲームを行う人々のホルモンを調べたが、その結果が実におもしろい。鼻腔スプレーでオキシトシンを投与された第一プレーヤーは、多額の現金を渡す可能性が高く、一方、ゲーム中に相手を信頼して現金を受け取るとオキシトシン・レベルが上昇するが、単に偶然の結果として現金を受け取った場合はこのような効果はない。オキシトシンは、人間でも他の動物でも絆や社会契約と関連していることから、「抱擁物質」と呼ばれることもある。しかし、オキシトシンには邪悪な側面もある。心理学者のカーステン・デ・ドリューは、このホルモンの匂いを嗅いだ白人のオランダ人実験対象者は、肯定的な言葉を他の白人の写真に、否定的な言葉を中東の人々の写真に連想しやすいことを発見した。一方、心理学者のキャロリン・デクレックは、オキシトシンはすでに知り合いとなっている人同士の協力関係を高めるが、見知らぬ人同士の協力関係は低下させることを示した。

何が信頼と関係するのか?

しかし、こうしたゲームは、信頼と不信について本当に何かを教えてくれるのだろうか? バーの話に戻ろう。経済学者があなたに一〇ドルを渡し、あなたはダニエルが三倍になった金額の一部をあなたに返してくれることを期待して、一〇ドルの一部をダニエルに渡すかどうかを決めようとしている。あなたが考えている間、ダニエルは何をしているのだろう？　彼はあなたにお金を譲り渡してほしくて魅力的な笑みを浮かべ、取引をしようとしている。母親の墓に誓ってお金の一部を返すと約束したんだと。そして、彼の主張を信頼するかどうかを決める必要がある。もしあなたが彼を信頼しても、彼が取引に応じることなく、多くのお金を持ち続けたとしたら、当然あなたは騙されたと感じる資格があり、憤りさえ覚えるだろう。彼は約束を破ったのだから！

研究室では、このようなことは一切できない。実験対象者は交渉することができないし、第一プレーヤーは相手にどうするか尋ねることもできない。見返りとして、約束を取り付けたり、母親の墓に約束したり誓ったりすることもできない。もし第一プレーヤーがチャンスに賭けて現金を譲り渡し、何の見返りも得られなかったとしたら、彼女は確かに失望を感じるだろう。しかし、彼女は騙されたのだろうか？　受取人にインタビューしてみよう。彼は何か悪いことをした、信頼を裏切った、不誠実な行為をしたと認めるだろうか？　いや、彼はきっと、突然お金を渡したいと言われたのだから、返さなくてもその人自身の責任だと反論するだろう。彼はお金を返すとは一言も言っていないのに、なぜ返すべきなのか？

第1章で、わたしたちは、ときに個人間で結ばれる豊かな信頼と、無生物に対するより機械的な依拠とを区別した。わたしは通勤に使う車を頼りにしているが、ある朝その車が故障しても、騙されたとか裏切られたとは感じない(車をわたしに売った男には騙されたと感じるかもしれないが)。対照的に、豊かな信頼とは、コミットメントが果たされることを予期することである。

バーでは、ダニエルが引き受けたコミットメントを果たしそうかどうかを判断しなければならない。しかし研究室では、実験対象者は互いにコミットメントを交わさない。第一プレーヤーは、受取人がどのような反応を示すかを推測してチャンスをつかむが、これは個人間の関係を結ぶというより、競馬のギャンブルと近い。

このことは、オレゴン州の学校の生徒たちが信頼ゲームをしたときに起こったことを説明するかもしれない。最年少の——八歳の——子どもたちは、実験者が渡したお金を譲り渡すことに最もケチであり、年長の子どもたちでさえ、大人よりもケチなのが普通であった。これには研究者も驚いた。わたしたちは通常、大人よりも子どもは、年少の子どもにおいてはとりわけ、他人を信頼しやすいものだと考えているのではないだろうか？　しかし、第一プレーヤーは信頼しているのではなく、将来のリターンを期待してギャンブルや投資をしていると考えれば、これは完全に理にかなっている。(将来のリターンを期待して)満足感を我慢できる子どもは珍しい。

さらに、第一プレーヤーが金銭的な動機だけで動いているのかどうかも定かではない。「独裁者ゲーム」が示すように、人は見返りがなくてもお金を譲り渡すことがある。このゲームでは、第一プレーヤーは一〇ドルを渡され、その多くを維持するか、他のプレーヤーにいくらか譲り渡すかを選ぶよう誘われる。いずれにせよ、それでゲームは終了となり、第二ラウンドはない。

少し驚いたことに、(独裁者ゲームでは)名前が絶対に公表されないことが保証されていた(実験者すら誰がどの決定をしたのかを照合できなかった)にもかかわらず、実験対象者の三分の一がいくらかのお金を手渡した。対象者は、自分が特定されていると感じると、より寛大になった。対象者の五人に四人は、少なくともいくらかのお金を手渡したのだ。これらの結果は、信頼ゲームでは、単に確率を計算するだけでなく、もっと多くのことが起こっていること、お金を渡すかどうかの決定は、単に見返りが予期できるかどうかだけでは決まらないことを示唆している(子どもは独裁者ゲームでは特にケチである)。

そして、こうした状況の人工的な不自然さについて考えてみよう。まず、金額は比較的小さい。誰も空腹のままベッドに入るリスクはないし、研究室を出るときに、到着したときよりも少ない金額で出ることさえない。哲学者のラッセル・ハーディンが指摘するように、最初の賭け金が一〇ドルではなく一万ドルであれば、まったく異なる結果がもたらされるかもしれない（大学がこのような高価な研究に資金を提供するとは考えにくいが、テレビのゲーム番組にはいいかもしれない）。賭け金が少ないので、楽しみや好奇心が意思決定に一役買うかもしれない。第一プレーヤーは、現金を手にしてゲームを終えるのではなく、「一緒にプレーする」傾向があるかもしれない（オレゴンの子どもたちは、一〇ドルを大人よりもずっと真剣に受け取っていたかもしれないが、実際には、実験者の店でおもちゃと交換できる商品券で一ドルだけ賭けることが許された。これはほかの状況では「現物支給」と呼ばれるシステムである）。

最後に、実験対象者は実験者が語る設定を信じてよいかどうかを決めなければならない。彼らは本当に、コンピュータ・プログラムではなく、他の人間とプレーしているのだろうか？　本当に匿名でプレーしているのか？　ゲームは本当に一回限りなのか？　預けたお金は本当に三倍になるのか？　本当に現金を持ち帰ることができるのだろうか？　このようなゲームに純枠に豊かな個人間の信頼があるとすれば、それが実験者に投資されているのだ。

実験室での実験の人工的な不自然さに対する不安と、何をテストしているのかという不確実性から、多くの研究者がゲームの結果を、信頼についての経験的研究に対するまったく異なるアプローチと並べて検討するようになった。つまり、世論調査である。

世論調査

四〇年近く、アメリカの世論調査ではこのような問いが用意されている。一般的に言って、ほとんどの人は信頼できると思うか、それとも人との付き合いには用心するに越したことはないと思うか？　さて、あなたはどう思うだろうか？

ますます多くのアメリカ人が、人との付き合いには用心するに越したことはないと考えるようになっている。しかし、これは市民一人ひとりが考えを変えたからではない。全体として、旧世代は年齢を重ねても信頼する態度を維持してきたが、人を信頼しようとしない若い世代は年齢を重ねても不信感を抱き続けている。人を信頼する人々が死に絶え、不信を抱く人々が跡を引き継いでいるのだ。

これは驚くべき傾向だ。しかし、このことは何を意味するのだろうか? どのような調査でもそうであるように、この調査は、人々が十分なレベルの自己認識をもっており、その認識を正直に報告することに依拠している。わたしたちのほとんどは、一般的に他人が信頼できるかどうかを考えることにあまり時間を費やさないので、(わたしたちから信頼を得ようと)見知らぬ人が道を尋ねたとき、わたしたちは「その人の」何を信じているかを正確に知るのはかなり難しいかもしれない。さらに、わたしたちの多くは騙されやすいと思われたくないし、妄想癖があると思われたくもない。だから、わたしたちの反応は、他の人が——わたしたちの同世代が?——何を言うだろうと思うかに部分的に左右されるかもしれない。そして、他人が言うだろうと思うことに対して、わたしたちがどのように反応するかも変わってくる。あなたは自分のことをオープンな人間で、平均よりも人を信頼する人間だと思いたいかもしれないが、わたしは自分は厳格な懐疑主義者であることを大切にしている。

このような一般的な懸念にとどまらず、信頼に関する世論調査の質問には特別な問題がある。質問は信じられないほど曖昧で多義的なのだ。ほとんどの人? ほとんどの人とは? 個人的に知っているほとんどの人、道ですれ違うほとんどの人、ほとんどの政治家、ほとんどの医者、その国のほとんどの人？　そして、人との付き合いとは？　どんな付き合い？　金融取引、バスでうっかり人とぶつかること、お見合いすること、結婚すること、留守中にティーンエージャーにパーティを開かせること？　信頼するようになるかどうかは、何が問題になっているかにより、そして相手が誰なのかによるのは確かだろう。

このような質問には限界があるにもかかわらず、研究者は、人々が見返りを求めてパートナーにお金を差し出すリスクを冒す「信頼ゲーム」の参加者にこういった質問を投げかけることがある。このようなゲームでは、他人に賭けようとする意欲は、たいていの人は信頼できるという見方に沿うものだろうと予期できる。結局のところ、人との付き合いには用心するに越したことはないと信じているのなら、なぜ見知らぬ人にお金を譲り渡すのだろうか？

奇妙なことに、ほとんどの人が信頼できると思う人は、信頼ゲームにおいては、お金を譲り渡す可能性が高くない人であることが判明した。いくつかの実験によれば、用心するに越したことはないと思う人よりお金を譲り渡す可能性が低いことさえ示唆されている。一方、ほとんどの人が信頼できると思う人は、より信頼に値する現金の受取人であることが分かっている。

他の人が信頼できると思う人は、その人の信頼に応え、三倍になった利益の一部を第一プレーヤーに返す可能性が高い。

だから、「自分は人を信頼するタイプだ」と言う人は他の人が自分のお金を返してくれる可能性には賭けないが、あなたがその人を信頼する限り、あなたに協力してくれるだろうということになる。これは最も奇妙なことだ。「信頼」ゲームと「信頼」世論調査の質問にはどちらも長所と短所があるが、何を測っているにせよ、それらは同じものではないのだ。

信頼、リスク、そして協力

こうしたゲーム実験は、わたしたちが(運がよければ)友人や家族ともつ豊かな信頼について、あまり多くを教えてはくれない。なぜなら状況が人工的で不自然であり、利害が小さいからである。また、政治家、医者、社会組織など利害関係が大きく、これらの人々や組織の特徴と実績の両方に関するある種の情報にアクセスできる場合に、わたしたちがどのような信頼を得るかについても、あまり教えてくれない。先に論じたように、このようなゲームでお金を返さな

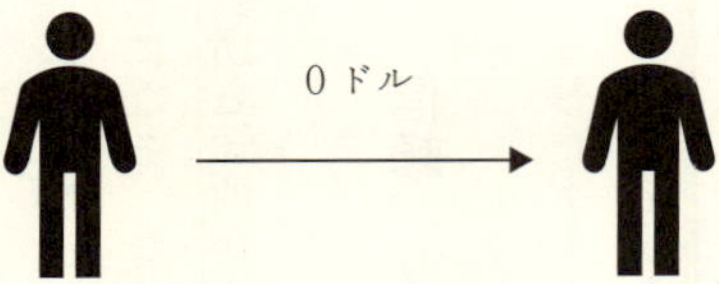

第一プレーヤーは10ドルを受取人とどう分けるか，決めることができる．
受取人は第一プレーヤーの提案を拒否することができない．

図4-4　独裁者ゲーム（訳者作成）

い人は、第一プレーヤーを失望させているかもしれないが、これを不誠実や裏切りとは見なしにくい。

信頼ゲームについてよりよく考えるには、協力、つまり他人のために何かをするという観点から考えるのがいいのかもしれない。独裁者ゲーム〔図4-4〕では、第一プレーヤーが現金を持ち続けるか、見返りを期待せずにいくらか渡すかに限られており、特に自分の寛大さやケチ臭さが公になると思う場合、少なくともわたしたちの一部は見知らぬ人のために何かをするだろう。基本的な信頼ゲームでは、第一プレーヤーが受取人を助け、受取人がその見返りとして自分を助けてくれることを期待する。これがうまくいけば、両者とも現金の受け渡しがない場合よりもよい状態になる。最後通牒ゲーム〔図4-5〕は、こうした素晴らしい助け合いや協力の暗黒面を浮き彫りにする。このゲームは独裁者ゲームのようなものだが、受取人が十分な現

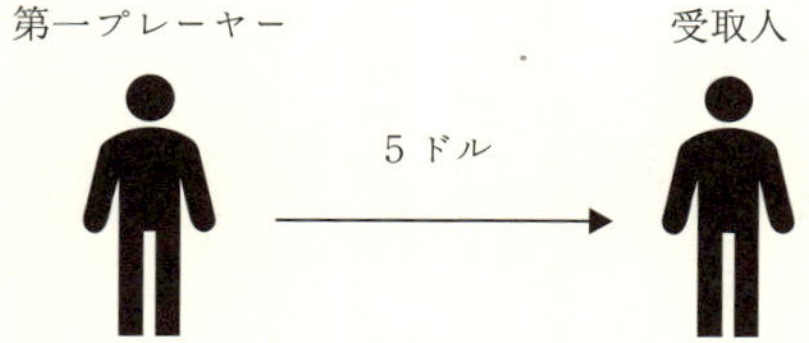

第一プレーヤーは10ドルを受取人とどう分けるか，決めることができる．
受取人は第一プレーヤーの提案を拒否することができる．

図4-5 最後通牒ゲーム(訳者作成)

金が与えられていないと判断した場合、実験者に全額を没収されることを選ぶことができる。見方を変えれば、いくらもらってもないよりはましなのだから、もらった人は単純に何でも受け取るべきであるかのように見える。しかし実際には、実験対象者である学生はケチを罰するために自分の取り分を犠牲にすることを厭わない。実際、実験対象者はそれを予期している。実験室でのテストで最も典型的な行動は、相手に「公平な分け前」、つまり元の一〇ドルの半分を提供することである。このようなことを信頼の観点から見きわめるのは難しい。

ジョセフ・ヘンリックとその共同研究者たちは、パラグアイからパプアニューギニアまで、世界各地の小規模な非工業化社会で人々に最後通牒ゲームをプレーしてもらった。その結果、多種多様な反応が得られたが、これはそれぞれの社会における社会的・経済的構造の違いと関連していることが分かった。先進国の大学での実験とは異なり、ヘンリックら研究者たちは、ゲーム参加者に一日分か二日分の給料を現金またはタバコなどの商品として提供することができた。これはすでにゲームの本質を変えている。ボリビアのチマネ族などいくつかのグループでは、もともとの参加者は通常、配分されたうちのごくわずかな分け前を提供したが、これは必ず受取人に受け入れられた。パプアニューギニアのグナウ族など他のグループでは、多くの受取人が「公平すぎる」(五〇パーセント以上)申し出も不公平な申し出も拒否した。研究者たちは、チマネ族は小さな家族集団で生活しており、家族以外の誰かと協力する必要がほとんどないことに注目している。グナウ族は、贈り物とは贈り主が選んだ時期にお返しをすることを受取人にコミットさせるものだと認識しており、このことは贈り物を受け取るには大きなコストがかかる可能性があることを意味している。

このような人工的なゲームにおける人々の行動は、当然のことながら、彼らが暮らす社会におけるコストや利益、協力関係や互恵関係のために利用可能なメカニズムに影響されているように見える。典型的な研究対象となる大学生も同様である。厳密には信頼を伴わないとしても、協力は重要である。そして「信頼」ゲームは、このようなさまざまな状況における人々の行動を数値化することを可能にし、ひいては状況が変化したときに人々の行動がどのように変わるかを定量化することを可能にする。これによって、どのような状況が協力を促し、どのような状況がそうでないのかが分かるかもしれない。そしてこのことは、わたしたちも重視している、より複雑な形の信頼の条件についても知る助けとなる。

信頼性とは、わたしたちが他の人を賞賛し、子どもたちに教えようとする道徳的な徳のように考えられているが、〔実際には〕コミットメントや約束を守って生きることであり、単に他の人がしてほしいと思うことをすることではない。あなたが助けの手を差し伸べたらそれを最後までやり遂げる限り、それほど寛大でなくても信頼に値する人になることはできる。また、コミットしすぎて人を失望させるほどの癖があれば、まったく信頼に値しなくても親切で寛大であることはできる。しかし、コミットメント、義務、徳と悪徳の構造全体は、基本的なレベルの協力を前提としている。このタイプの協力は、世代を超えて学生たち――そして〔ヘンリックらの実験では〕かなりの数の遊牧民、採集民、捕鯨民――が受けてきた人工的なドル交換ゲームによってさえ、明らかにすることができる。

第5章
誠実と不誠実

誰かの言葉を信頼するということには、誠実さへの期待と知識への期待という二つの側面がある。今日は学校が休みだと息子が言ったとき、わたしは彼が自分の信念を誠実に表明していることを信頼するし、彼は自分が何を言っているのかを分かっているということも信頼する。どちらか片方だけでは十分ではない。もし彼が嘘をついていると思えば、わたしは彼の言っていることを信頼しないだろう。また、彼が証拠ではなく希望的観測によって自分自身に言い聞かせていると思えば、やはり彼の言うことを信頼しないだろう(とはいえ、希望的観測は嘘よりも簡単に許すことができる)。

同じように、誰かの行動に信頼を寄せるという点にも、善意に対する期待とスキルや能力に対する期待という二つの側面がある。娘が学校で健康的な昼食を選ぶとわたしが信頼するとき、娘が健康的な選択をするために誠実に最善を尽くすと信頼しているし、健康的な食事の選択と不健康な食事の選択を見分ける能力があるとも信頼している。どちらか片方だけでは十分ではない。娘が健康的な食事に関心がなければ、正しい選択ができると信頼しはしないだろうし、健康的な食事と不健康な食事を区別することもできないと思うだろう。娘はたまたま健康的な昼食を選ぶのかもしれないが、それでもわたしは彼女がそうしたと信頼できないだろう。

不信もまた同様にさまざまな形であらわれる。わたしが友人からの医療上のアドヴァイスに懐疑的であるとき、わたしが疑っているのは、友人の誠実さや善意ではない。わたしが疑っているのは友人の専門知識に対してである。

わたしが製薬会社の医療上のアドヴァイスに懐疑的であるとき、わたしが疑っているのは会社側の専門知識ではない。会社が善意をもってアドヴァイスしているかを疑っているのである。

誠実さや善意に関する判断は、知識やスキルに関する判断よりも道徳的な重みをもっている。わたしたちは、無知な人に対して、道徳的な責任、あるいは法的な責任すらも問うことがある――彼らはもっと知っておくべきだった、と――。しかし、息子や娘、友人に対してわたしがそうであるように、意図的な欺瞞よりも、誠実であったけれどしてしまった、不注意でさえあったミスの方が許すことははるかに簡単である。

不誠実は非難と憤りを招く。しかし、善意がないことはもっと微妙な問題だ。大人になると、世界はわたしの人生に責任を負ってくれないし、多くのまともな人々は単純にわたしに無関心だし、誰もわざわざわたしの生活をより楽にしようとはしないということは分かってくる。そして、わたしが切羽詰まっていない限り、他人がわたしのためにしなければならないことには限界というものがある。通りすがりの人がわたしの家の前庭に落ちているゴミを拾ってくれたらありがたいが、通っただけの人にはそんな親切をする義務はないし、拾わないまま通り過ぎるときに道徳的な罪を犯しているわけではないし、そのことをわたしが恨みに思うべきでもない（とはいえ、そもそもゴミを落とした人を恨む権利はわたしにはあるが）。

だからこそ、信頼と不信をコミットメントという観点で考えることが有効なのだ。わたしは、次に通り過ぎる人がゴミを拾ってくれるかどうかを予測したり推測することができる――こっちに歩いてくる隣人が乱雑な庭を素通りできないことも知っているかもしれない。ゴミを拾う通行人に感謝することができるし、拾ってくれない通行人には失望することもできる。しかし、だからといって、拾ってくれたかどうかという理由で、ある人が、別の人よりもより信頼に値すると見なしたり、より親切で、より寛大で、より共同体意識に富んでいるかもしれないが、信頼に値するわけではないと見なすことは公平ではないだろう。なぜか？　ゴミを拾った通行人も拾わなかった通行人も、わたしの家の庭のゴミを拾う約束をしたわけでもなければ、そうする義務があるわけでもないからだ。あなた自身は近所のためにもっと時間があればいいのにと思うかもしれないし、申し訳なく思うかもしれないが、実際に手伝いに行くと申し出て、それをしなかったのでない限り、自分は不信に値すると感じる必要はない。

よって、信頼には誠実さへの期待——相手が自分へのコミットメントを果たすために最善を尽くしてくれるという期待——と知識やスキルや能力への期待とが含まれている。この二つの側面はさまざまな方法で判断され、評価される。本章では、誠実(と不誠実)に焦点を当て、次章では知識(と無知)に焦点を当てる。

嘘発見器

わたしたちには嘘を見抜く能力がどれくらいあるだろうか? 心理学者たちは、見ず知らずの人が嘘をついているのか、本当のことを言っているのかを判断してもらう研究を行った。全体として、人は約五四パーセントの確率で正しい判断をする傾向にある。悪くない? しかしよくもない。単純なコイントス——表が出たら嘘をつき、裏が出たら真実を言う——の的中率は五〇パーセントとなるので、五四パーセントはそれほど大きな成果ではない。このような場合、誠実であることを過大評価する傾向にある。誰かを嘘つきだと不当に非難するよりも、嘘つきが誠実であると信じる方がより一般的なのだ。

当然のことかもしれないが、話し手の姿が見えても声が聞こえない場合、正しい判断を下すことが難しくなる。その上で聞き手は、見ながら聞いているのか、ただ聞いているのか、話し手は言ったことが書かれた紙を読んでいるだけなのかは、あまり違いはない。全体として、話し手の姿が見えるかどうかは関係なく、声が聞こえる話し手を信じる傾向が強かった。観察者は大人の嘘よりも子どもの嘘を見破りやすいが、これは大人よりも子どもの方が嘘をつきやすいと考えがちだからだろう。

こうした研究の多くでは、話し手は、話し手にとっても聞き手にとっても大して重要ではない人工的な状況について、嘘をつくか正直に話すかをランダムに割り当てられる。しかし、実生活では、誠実さについて判断する場合は動機づけを考える。彼女にどんな得があるのか？なぜ彼女はわたしを騙そうとするのか？　彼女は何を得て、何を失うのか？　これが何かを売りつけようとする人を疑う理由だ。研究者の中には、状況をもっと現実的にするために、真実を話していると聞き手に信じこませた話し手に報酬を与えようとした者もいる。皮肉なことに、話し手が嘘をついているかどうかに関係なく、話し手は誠実に見えなくなってしまった。信じてもらいたいと思えば思うほど、疑わしく見えてしまうのだ！

一九八〇年代にこういった研究が発表され始めると、あちこちの研究室で電話が鳴りだした。心理学者のポール・エクマンは、CIA〔中央情報局〕、FBI〔連邦捜査局〕、NSA〔アメリカ国家安全保障局〕、軍から集められた嘘発見器担当者、アメリカ合衆国シークレット・サービス、判事、カリフォルニア州強盗捜査官協会の警察官、精神科医からなるグループに招待され、嘘発見器に関する自身の研究について講演をした。エクマンはこの機会を利用して、こうした専門家集団に対して、真実と嘘を見分けるテストを試みたところ、シークレット・サービスのエージェントだけが他のメンバーよりもはるかに優れた成績を収めたことが分かった。エクマンと共著者のモーリン・オサリヴァンは、群衆を見渡して脅威を見つけるといった厳重な警護の仕事が、エージェントの嘘を見分けるスキルの向上につながったのではないかと推測している。

エクマンは後にテレビドラマシリーズ『ライ・トゥ・ミー』でティム・ロスが演じるキャラクターにひらめきを与えた。ロスが演じるカル・ライトマン博士は超科学的な嘘発見能力の持ち主で、顔の表情、声のトーン、ボディランゲージのほんのわずかな変化も見逃さない。彼は犯罪捜査に協力しながら、自分自身も大嘘つきになりたいという誘惑に抵抗しようとしている。しかし、フォックス社のウェブサイトでも述べられているように、「彼の科学的能力は私生活においては祝福でもあり呪いでもある……」。これは誰が考えたのだろうか？

エクマン自身がこのテレビドラマシリーズの相談役を務めており、フィクションではすべてが現実より急ぎ足で単純に見えるものの、シリーズで描かれている技術のほとんどは正確であると述べている。エクマンは、嘘を使って他人に本心を明らかにさせるライトマンは非倫理的であるとして拒否しているが、他方で、ライトマンと自分自身との違いについても言及している。「彼はわたしより若くて、鋭くて、傲慢で、無愛想で、そして彼はイギリス人です」

研究者たちが認めるように、人工的な状況で比較的少額の現金を交換することを伴う「信頼」に関する研究室ベースの実験と同じく、嘘発見器の実験にも重大な制限がある。第一に、実験は見知らぬ人の間で行われることが多い。実験対象者は、通常それまで会ったことのない人のビデオ映像が見せられる。もしかしたら、わたしたちは相手を知っている時間が長くなればなるほど、相手を「読む」ことが上手になって、相手が以前嘘をついたことがあるかどうかについての独立した証拠が得られるかもしれない。第二に、実生活ではわたしたちは背景にある知識を使って、言われたことが本当か嘘かを評価することがよくある——その主張はすでに信じられていることとぴったり一致しているだろうか？　一致していなければ、その主張をした人物は、その主題に関して最高の権威である可能性があるだろうか？　人工的な実験の状況では、実験対象者は主題や話し手の資格に関連する背景の情報にアクセスすることができない。場合によっては実験対象者は何を言っているかさえ理解できず、視覚的な手がかりのみで話し手について判断するように求められる。第三に、実験の状況が人工的な状況であることはよく分かっているので、真実を語るという標準的な道徳、あるいは、社会的に課せられた要求がしばらく保留される可能性がある。最後に、実験対象者は、話し手が嘘をついているのか真実を話しているのかを明示的に判断するように求められる。日常の状況では、少なくとも利害関係が弱い場合、嘘をついているという可能性を考慮することなく、他人は真実を語っていると単純に想定しているかもしれない。よく考えるように求められて初めてより慎重になるのだろう。

よって、こうした実験は興味深いものであるとはいえ、嘘に関する真実のすべてを教えてくれると考えるべきではない。しかし、実際の場面で嘘と嘘発見器について適切な科学的研究を行うことは難しい。非常に多くの要因が作用しているうえに、中立的な観察者には、嘘をついているかどうか、信じられるかどうかを見分けられないことがよくあるのだ。

心理学者のナンシー・ダーリングとボニー・ダウディは、母親と思春期の子どものペアを研究し、友人の選び方、余暇の使い方、飲酒や喫煙のような、意見が一致しない分野で互いをどの程度信頼しているかを評価しようと試みた。最初の難関が明らかになったのは、母親と子どものペアの多くが、何について意見が一致しないかについての意見が一致していないことが分かったときである。しかし、いったんそれが説明されると、ダーリングとダウディは、母親は概して過剰に疑って、実際には子どもが本当のことを言っているとしても、嘘だと決めつけるが、本当の嘘はすぐに見抜くことを発見した。母親にとっては、両親にもっとも信頼されていると感じている十代は、自分の両親が自分のためのルールや境界線を決めてくれることを受け入れている十代だった。

手がかりと自信

実験室で行われる研究の利点の一つは、参加者に自分の判断の内容と判断の形成プロセスについてふり返ってもらって、その考察を実際の正確さと比較できることである。参加者は自分の判断にどの程度自信をもっているのか、どの程度嘘つきを見破っている可能性があるのか、本当のことを言っている人を誤って非難している可能性はどの程度あるのかを尋ねられることもあった。実際のところは多くの参加者が偶然をわずかに上回る程度なのだが、それでもわたしたちの多くは、自分たちはかなり抜け目がないと考える傾向にある。このことが示唆するのは、わたしたちは自分の能力に自信をもちすぎているということである。また、研究では、真実と嘘を見分けることが下手な人ほど、自分は正しいという自信をもっていることも明らかになっている――嘘と真実を見分けることが下手な人ほど、自信に満ちるということである（男性は女性よりも自分の判断にかなりの自信をもっているが、正確さについては女性ほどではない）。だから、よりよい嘘発見器になるための第一歩は、問題となっていることがらに関する自分の判断を疑うことを学ぶことだ。

なぜだろうか？　理由の一つは、人は一般的に、特にかなり難しい仕事に関しては、自分のスキルを過信しており、嘘の発見はそうした難しい仕事の一つだというものだ。わたしたちの多くは、自分は平均以上のドライバーだと思い、仕事仲間よりも自分の方が仕事ができると思い、ご近所さんよりも自分の方が子育てが上手だと思っている。明らかに、わたしは自分自身については正しく判断できるが、わたしたち全員が平均以上の能力をもつことはありえない（レーク・ウォビゴン効果〔自分は平均以上の能力をもっていると思い込んでしまう認知バイアス〕を除いて）。二つめの理由は、わたしたちのほとんどが、嘘つきはどんな見た目をしているかについての考えをもっているということだ――たとえば、虚ろな視線や汗ばんだ額、そわそわした態度などである――。しかし、実際にはその考えは間違っていることが多い。わたしたちは誤った理論に頼っているにもかかわらず、それを正しいと思い込んでいるため、誰が嘘をついているかについての自分の判断に対する自信を強めてしまうのだ。

もっとうまくやることはできるだろうか？　嘘をつくときに必ず伴うが、嘘をついていない状況では決して現れることがない普遍的な話し方や行動の癖は存在しない――専門家が言うように、「ピノキオの鼻」は存在しないのだ。しかし、わたしたちの行動には、必ずしも正確とは言えない手がかりが確かにあるようだ。ポール・エクマン（ドラマの中ではカル・ライトマン博士）とウォレス・V・フリーセンは、「漏れる手がかり」と「騙す手がかり」を区別する。漏れる手がかりからは、話し手が実際に何を考え、感じているのかを垣間見ることができる。騙す手がかり——緊張している兆候——は、話し手が聞き手をミスリードさせようとしているサインだが、何を隠そうとしているのかまでは伝えてくれない。全体として、嘘をつくことは本当のことを言うことよりもストレスや罪悪感を引き起こすため、話し手の感情的な反応から嘘だと分かるものだと期待されている。

繰り返しになるが、こうした話し方や行動に関する癖に関する研究は通常、見知らぬ二人が実験室内で、それほど危険ではないやり方でコミュニケーションを取るというかなり人工的な状況に基づいている。しかし、もっとも信用できる手がかりとは、嘘をつく人は、真実を話す人よりも話が詳細ではなかったり、さらに、嘘つきの話は、ときとして本当の話よりも話の辻褄があっていなかったり、もっともらしくなかったりするように思える(もっとも、真実は小説よりも奇なりということもあるが)ことである。こうした手がかりを手にするためには、聞き手は、実際に話されていることに注意を向ける必要がある——期待に反して、アイコンタクト(「視線回避」)は嘘とは関係がない。「えっと」「あの」といった言い回しや貧乏ゆすりや頭をかくことも嘘とは関係がない。

重要なのは、何が問題になっているか、である。自分にとって大きな問題であることについて嘘をつくように求めた研究では、実験対象者は嘘を見抜く手がかりを多く提供してしまっている。これは理に適っている。日常的な「たわいない嘘」は、何気なくつくもので、ほとんどの人にとって罪悪感を抱かせるようなものではないため、感情的な負担となる可能性が少ないのだ。より重大な嘘は、すらすらとついて偽装することも難しい。しかし、やっかいなのは、本人にとって大きな問題について真実を話すこともまたストレスになる可能性があり、嘘をついている合図と間違われやすいサインを発してしまうかもしれないことである。自分にとって重要なことを話している場合、まったく誠実であっても不誠実に見えることがあるのだ。

デフォルトとトラックレコード

すべてがひどく複雑である。しかし、絶望すべきことでもない。わたしたちは相手と信頼することで誠実な情報提供者を見分けることを目指しているが、現実の生活では、発言やそれに伴うボディランゲージの内的な整合性だけではなく、もっと多くのことを判断しなければならない。あるときには、信頼するかどうかやその理由を考えることなく、単に信頼したり不信感を抱いたりすることがある。またあるときには、信頼するかどうかは意識的にくださなければならない判断であるように迫ってきて、時々苦渋の決断のように感じられることもある。わたしたちには、自分自身に対しても他人に対しても、手にしている証拠を少なくともある程度は考慮する責任がある。しかし、どのような方針を採用するべきだろうか？

一つの方針は、信頼に値するというよい証拠がある場合のみその人を信頼するというものだ。この慎重な方針は不信をデフォルトにしている。無実が証明されるまでは有罪なのだ。極端に言うと、この方針は——決めかねる場合があるとしても——誠実さを示す証拠を集める機会に十分に恵まれている親しい友人や家族以外のすべての人を疑うことになる。そこまで極端ではないが、それでも慎重な方針の下で、駅員に関するこれまでの経験は、見知らぬ駅でこれまで会ったことのない駅員に出くわしても、駅員が列車の時間について言うことは信頼できるというよい証拠になると認められるだろう。違う方針では、信頼をデフォルトにする。ある人が不信に値すると思う適切な理由があるまではその人を信頼すべきである。言い換えると、有罪と証明されるまでは無罪ということだ。

歴史的には、これらの対立する方針は、二人の偉大な哲学者であるエディンバラのデイヴィッド・ヒューム〔一七一一―七六。経験主義の哲学者〕とアバディーンのトマス・リード〔一七一〇―一九六。常識哲学の創始者〕に関連している。ヒュームにとっては、自己充足性はもっとも重要なことだった。自分自身の信念には責任をもたなければならず、他人の言葉を受け入れるのは、自分自身の過去の経験に基づいたよい理由があるときのみである。そうでなければ、騙されやすくなるし、デマゴーグになってしまう。ヒュームにとっては、有罪が証明されるまでは無罪という方針は災いのもとであり、義務を無責任に放棄することになるのだ。

リードにとっては、他人の言葉を信じることは自分の感覚を信じることに似ている。わたしたちが自分の感覚の証拠を疑い始めたら、見たり聞いたりするものをチェックするための基本的な根拠がなくなってしまう。せいぜいできることと言えば、一つの感覚と他の感覚とを照らし合わせること――つまり、手を伸ばして目に見えるものに触れたり、音の発生源を探したりすることだ。同じように、人の言うことを疑い始めたとしても、チェックできることには限りがあるとリードは論じる。ある知人の話を疑い始めたとする。参考図書やインターネットや他の人の話などと照らし合わせて、その人の言葉をチェックすることはできる。しかし、その人の言うことを、自分の目と耳でチェックできるのは、ごく限られた状況だけである。リードによれば、無罪が証明されるまでは有罪という一律の方針では、他人の発言を信頼することから始めることすらできなくなってしまう。

リードの信奉者たちは、言語学習には信頼することを標準とする態度が必要だと論じてきた。人が話す言葉がものごとの本当の姿を反映していると単純に考えることができないならば、わたしたちは言葉と意味を結びつけることができなくなってしまい、コミュニケーションは行き詰まってしまうだろう。病的な嘘つきではないかと疑っている人から新しい言語を学ぼうとすることを想像してみてほしい――これはほとんど不可能なくらい困難な作業となるだろう。

この議論に巻き込まれる哲学者は、誰かの行為や発言を信頼することはいかにして正当化されるのか、というように、信頼全般を問題にすることが多い。日常生活においては、このようなきわめて一般的な問題に直面することはない。代わりに、わたしたちが直面するのは、誰が、いつ、何をすることを信頼できるのかという、より具体的な問題である。ヒュームに傾くか、リードに傾くかにかかわらず、実際の場面では、文脈や何が問題になっているかを考える必要がある。今週の天気はずっと晴れだという新聞記事を信頼できるだろうか？　洗濯物を干すと決めたならば、それは記事を信頼したということだ。高価なガーデンウェディングのために保険に入ると決めようとしているのなら、信頼していない。休暇中に隣人にペットの世話を信頼して任せることができるか？ 週に一度餌やりが必要な金魚であれば、任せられるだろう。特別な食餌と一日二回の散歩が必要なグレートデーンであれば、任せられないだろう。利害が小さければ、多くの証拠は必要としないだろう。利害が大きくなるほど、必要な証拠も多くなる。特に、第三者に影響を及ぼすような信頼に関する決断を下す責任を負っている場合は、基準値をより高く設定する必要があるだろう。

ダン・スペルベルと彼の共同研究者たちは、信頼が問題となる状況に対する反応を調査して、わたしたちのベースにあるのは信頼なのか不信なのかをはっきりさせようとした。リードが主張したように、不信を標準とするのはかなり厳しい。多くの状況においては、利害関係は小さく、嘘はめったにつかれないし、信頼に値するかどうかの証拠を探す時間とエネルギーに関わるコストは、ときたま起こる欺瞞を避けるという報酬に見合ったものではない。しかし、利害や環境、そして言われたことが妥当性をもっているか、それらの変化には敏感である必要がある――「認識的な警戒心」が鍵となるのだ。スペルベルは、この警戒心を、混雑した道を歩くときの警戒心に喩えている。一般的に、わたしたちは、他人が自分にぶつかる前によけてくれることを期待するが、他人の軌道を常に計算しているわけではない。しかし、わたしたちは、何か問題が起こりそうなときには意識を呼び起こすような形で、他人の行動を低レベルであれ、無意識のうちに監視している。この考え方では、警戒心が信頼を支えているのである。

二〇〇〇年以上前に起源をもつインド哲学のニャーヤ学派は、スペルベルを先取りするような信頼の説明を提示している。リードと同様に、ニャーヤ学派の思想家たちは、話し手の話を受け入れる前にその人の証拠を評価することはできないと指摘している。わたしたちは、疑う理由がはっきりしない限り、相手の言うことをそのまま受け入れることができるのだ。スペルベル同様、無意識に監視するという考え方が鍵である。わたしたちは、意識的に証拠を検証して、そのつど苦労して結論を出さずとも、起こり得る問題に注意を払うことができる。矛盾や間違いに気づく準備ができているのなら、すべてのことを熟考する必要はないのだ。

認識的な警戒心をもつという習慣は幼いうちから身につけられるが、極端に幼いうちからというのは難しい。四歳未満の子どもは、故意の欺瞞や人によって世界の見方が違うということさえも理解するのが難しい。いつ疑うべきなのか、いつ言われたことを受け入れるべきなのかを学ぶには、さまざまな認知的メカニズムが必要であり、こうしたメカニズムの発達の仕方や速度は子どもによって異なる。こうした違いを何が生み出すのか？　酒井厚は、日本の一卵性双生児と二卵性双生児、および双子ではない兄弟姉妹を研究し、友人や家族に対する信頼の程度と、その見返りとして自分たちが信頼されていると感じる度合いを調べた。その結果、遺伝的変異を仮定する必要なく、信頼するという態度や信頼されていると感じる気持ちを環境という側面が説明することが明らかになった。この結果は、環境のどの側面が重要かを正確に教えてくれるわけではないが、生まれつき他人を信頼する傾向にある人もいれば、生まれつき疑い深い人もいるという考えを払拭してくれる。

どんな環境であっても、わたしたちは年齢を重ねるにつれて、よくも悪くも評判に関する社会的事実により依存するようになり、それゆえに、評判がいかにしてつくられて維持されるのか、もっと詳しく見ることが重要となってくる。

ジェントルマンとよい評判

一七世紀のイングランドには、ジェントルマンもいればジェントルマンでない者もいた。ジェントルマンであるためには、財産、生まれ、性格が適切に組み合わさることが必要であったが、この三つのうちどれが基本となるものなのかについてはほとんど意見は一致しなかった。お金だけでは十分ではない――「成金」という古くからの問題がある――。しかし、貧しいと紳士的な生活と礼儀正しさの基本的な水準を維持できなくなってしまう。「よい」家に生まれることは重要だが、田舎の地主は偉大な老ヨーク公と同じくらいジェントルマンである可能性があった。実際、社会の頂点に立つ人たちの政治的なもつれによって、彼らがきちんとしたジェントルマンとして振る舞うことが難しくなる可能性があった。

ジェントルマンに求められるきちんとした振る舞いは、内面にそなわっている徳が外に現れたしるしであったが、対立する伝統ではさまざまな種類の徳が評価されていた。騎士道の伝統では、名誉、威厳、肉体的な勇気が優先されたが、こうした特徴は、世俗的な評判よりも神による最後の審判を念頭に置いた人生を支える柔軟さ、謙虚、自制心というキリスト教的な徳と緊張関係にあった。

どういう経緯で発せられたとしても、ジェントルマンの言葉は約束となる。頼りにならない身分の低い者とは違い、ジェントルマンは真実を語る点で信頼されることができた。ジェントルマンは、法廷では証人や陪審員として信用されており、自然現象や実験結果を報告する科学的文脈でも、そして、日常生活においても信用されている。労働者や使用人は、そしてほとんどの場合、女性は、真実を語るものと信頼されることはありえなかった。現代人の耳には、これはひどい階級差別とジェンダー偏見だと聞こえるだろう。

当時の社会構造の中では、ふさわしい財産、生まれ、性格が組み合わさって、ジェントルマンとして真実を語ることにつながっている。財産は自由のための鍵である。なぜなら、ジェントルマンには他人のために働く義務はないからだ――ジェントルマンは独立した財産を持っているため、自分が発見した真実を自由に語ることができる。ジェントルマンはあらゆる意味で信用に値する。これに対して使用人や妻は、依存している雇い主や夫から独立して話すことができない。同様に小売商人や貿易商人にも、仕事に差し支える真実を語る余裕はないのだ。

誠実であることは名誉の一部であり、不誠実なことにふければ名誉を傷つけ、リスクを冒すことになる。他方で、下級階級はそもそも名誉をもたないので、都合が悪い場合は真実を語ろうとする動機が弱まる。実際、ジェントルマンの誠実さを問うことは、ジェントルマンとしての地位そのものを問うことであり、嘘をついたと非難すれば、それは重大な侮辱であり、決闘の文化では半ば形式化された侮辱でもあった。決闘を申し込むより申し込まれる方がよい。なぜなら、決闘を申し込まれた側は武器を選ぶことが許されたからだ。したがって、トラブルが起きかけているとき、ジェントルマンたちは相手を誘導して決闘を申し込ませようとした。「嘘をついたと非難すること」――その人の不誠実さを非難すること――は究極の侮辱である。それゆえに、決闘が申し込まれたことになる。銃を取れ!

ジェントルマンが頼りになるかどうかについての説明の中には動機を重んじるものがある。嘘をつく動機があるのは誰で、真実を語る動機があるのは誰か? 嘘がばれたときどんな罰が待っているか? 真実を語ることで起こりそうなトラブルとは何か? わたしたち自身の社会的・認知的カテゴリーは一七世紀イングランドのそれとは異なっているが、わたしたちもまた、誰を信じるべきか、誰を信頼するべきかを決める際には動機と結果を考慮するだろう。だからこそ、公的な場では、利益相反をはっきりさせて、他の人が考慮できるように潜在的な動機を示すことが求められるのである。

たとえば、英国議会下院は、議員の利害関係者名簿を公表している。なぜかというと、「下院議員や上院議員が受け取った金銭的または非金銭的利益に関して、議会での行動や演説、投票に当然影響を及ぼすと考えられるものについての情報を提供するため」である。議員は利害関係のあることがらについて投票したり発言したりすることを禁じられているわけではないが、この名簿は、そのような状況において議員が信頼するに値しうる人物かどうかを判断するための材料となる。大事なのは、動機、動機、動機である。

しかし、名誉や侮辱という概念は今日でもわたしたちに馴染み深いものであり、動機よりもその人の性格をあらわしているように思われる。もし、夫がわたしに嘘をつく動機と夫が真実を話すことで起こりうる問題をわたしが率直に比較検討するなら、それはすでに夫に対するわたしの信頼が低下していることを示しており、夫はかなり腹を立てる可能性があるだろう。たとえわたしがすべてを考慮して夫の言うことを信じることが理に適っていると結論づけたとしても、そうなのである。夫は腹を立てたいのではなく、わたしたち夫婦の関係や夫の道徳的性格から、自分が嘘をつかないことをわたしに理解してもらいたいだけなのだ。嘘をつくことは夫がするようなことではないのである。同じように、ジェントルマンとは、真実を語ることとの報酬が嘘をつくことの報酬を上回る状況にたまたま居合わせただけの人物ではない。ジェントルマンは、自然に、本能的に真実を語り、嘘をつくことを苦痛と感じる人であるはずなのだ。

かくして、誠実かどうかを判断する際、わたしたちは性格と状況の両方を判断しようとするが、この両者のバランスは、当の人物をどれだけよく知っているかによって異なってくる。見ず知らずの人に道を尋ねるとき、わたしはその人の性格については何も知らない。しかし、こうした状況で嘘をついても得られるものはほとんどないことはよく分かっている。その人が地元のビジネスと個人的な利害関係があるかもしれない地域で、知らない人にお店やカフェをすすめてもらう場合は状況が異なるかもしれない。

えこひいきと偏見

信頼について考えるとき、赤の他人や、せいぜい顔見知りの人との関わりに焦点を当てがちである。わたしたちは互いをどう判断しているのだろう？　わたしたちは互いをどう判断するべきなのだろう？　わたしたちは互いを判断する必要があるのだろうか？　しかし、信頼や不信に関する多くの問題は、家族、友人、恋人、同僚、隣人などの人間関係の中で生じる。親密さが増すと、すべきことはどう変わるのだろうか？　また、個人的な配慮と厳然たる事実はどのように天秤にかけられるのだろうか？

親しい人間関係においては、明らかな反証がない限り、疑わしきは罰せずという態度で、友人はわたしたちに誠実であると思い込んだり、そう思い込む義務を感じたりもする。これは友情そのものが信頼すべき理由だからだろうか？　そうかもしれない。しかし、よく知っている人についての多くの肯定的証拠を積み重ねてきたことも確かである。万引きの嫌疑をかけられたとしても友人を信頼するべきなのは、あなたがその友人を何年も前から知っているからであり、それゆえ、その友人が嫌疑をかけられているようなことはしていないというきわめて確かな証拠をもっているからである。しかし、この証拠がすべてだろうか？　友人や家族を信頼するかどうかを決める際に、確率を計算し始めると、彼らはわたしたちを恨むかもしれない。

哲学者のサラ・ストラウドとサイモン・ケラーは、友人について自分が抱いているイメージに肯定的な意味でコミットすることが友情の一部だと主張する。つまり、他人に対して友人を擁護し、友人についての悪意あるゴシップを信じることに抵抗して、友人がよい動機(たとえそれがどんなものなのか、まったく分からない場合であっても)から行動していると想定すること、である。もちろん限界はある。しかし、こうした限界に挑戦することは、自分にとっても友人にとっても苦痛となる可能性がある。証拠を目のあたりにして最悪の想定が真実である可能性を認めざるを得ないのはいつなのか？――犯罪者の母親や妻がその犯罪者を擁護しているところを見ると同情したくなるだろうが、そのことを不合理だと非難することは難しい。合理性は人間関係を無視することを求めないのだ。

信頼性を構築する一つの仕方として考えられるのは、その人を信頼することである――いずれにせよ嘘をつくものと思われていることが分かっていると、人は本当のことを話す気にはならないものだ――。おそらく、わたしたちには愛する人がこのような仕方で信頼に値する人になるように、手助けをする特別な義務がある。責任やケアといった他の人間関係においても同様のことが義務となる。教えることは本質的に信頼することの延長にある。知識という点と知的に開かれているという点の双方において信頼がもたらすこのような意図的な効果の一部は、学生の信頼性を高めることがある。

しかし、こうした個人的な考慮には負の側面もある。疑わしきは罰せずという、親しい友人に対して抱く態度をどの程度まで広げることができるだろうか？　一緒に育った人だけを信頼して、それ以外の人は信頼しないとしたらどうなるだろうか？　一九六〇年代にジャック・ワインバーグがバークリーで学生活動家たちに言ったように、三十歳以上を信頼しないとしたらどうなるだろうか？　狡猾な東洋人に対する好ましくない偏見のためにわたしが日本人を信頼しないとしたらどうなるだろうか？

信頼について正しく理解することは――信頼する側としてのわたしたちにとって、積極的な協力関係を活用し、だまされることを避けられるようになるという点で――よいことである。しかし、こうしたことは、信頼を受け取る側、つまり、信頼される側(あるいは、不運な場合には不信を抱かれる側)にとっても重要である。友人と接するとき、わたしたちは友情を天秤にかけると、不信ではなく信頼に傾くかもしれない。しかし、だからといって、その人を信頼する証拠が不足しているからといって、あまり快くない個人的な感情を利用して、その人を信頼することを拒否することは許されるものではない。

多民族社会に住む人たちは一般的な信頼レベルが低いことを示す、議論を呼ぶ研究がある。しかし、実際に隣人と交流して、ある人種集団の匿名の一員ではなく個人として関わることで、信頼のレベルは高まっていく。とはいえ、こうした研究は解釈が難しい。なぜなら、多民族が住まう一つの地域は経済的には恵まれておらず、そのため、犯罪や無秩序やはかなさを日常的に経験するため、信頼レベルの低い環境となることが多いからだ。こうした状況下では、厳重な注意を払うことはきわめて合理的であり、不可欠ですらあるのだ。

わたしたちはみな、たとえ意識していなくとも、そして、たとえ性差別的あるいは人種差別的態度を意識して拒否しているとしても、バイアスをもちやすい。ハーヴァード大学のプロジェクト・インプリシットは四五〇万回以上のテストを実施しているが、それぞれのテストでは、たとえば、黒人の顔か白人の顔かで、ネガティヴなイメージとポジティヴなイメージに関連性があるかを調査することを目的としている。他にも、若者の顔か老人の顔か、痩せているか太っているか、男性か女性か、などが対比されている。実験対象者は何度も、黒人の顔をすぐにネガティヴなイメージに結びつけ、白人の顔をポジティヴなイメージに結びつけてしまう。印象的なのは、この結果は、テストを受ける黒人であっても、民族を問わずこうした結びつきを心から否定している人にさえも当てはまる。もし自分は例外だと思うのなら、プロジェクト・インプリシットのウェブサイトで試してみることをお勧めする。

残念ながら、善意だけでは十分ではない。バイアスが起こる可能性に集中して、偏見をもってはいけないと自分に厳しく言い聞かせることさえ、逆効果になる可能性がある。おそらく、それは精神的努力によってこの点に集中しすぎてしまうと、いったん警戒心が解かれたときにはステレオタイプに抵抗することがかえって難しくなってしまうからだろう。しかし、もっと効果的なのは、ステレオタイプ化されたグループに属しているけれど、その人自身はステレオタイプにはあてはまらないような人々、たとえば、女性の自動車整備士、活動的な八十代の高齢者、黒人の大統領などについて想像したり、あるいはさらによいのは、実際に交流することである。ステレオタイプの型に当てはまらない人たちについて考えたり、出会ったりすればするほど、無意識の偏見に抵抗することがより容易になる。これは、多民族社会に関する研究と一致する。隣人を同質的なグループの一員として網状のカーテン越しに見るのではなく、実際に外に出て個人として関わることで、より信頼感を抱くのである。こうした尺度によって、わたしたちが意識的に拒否しているステレオタイプに頼ることなく、他人を——特に誠実さを——その人の長所に基づいて判断するのに役立つのである。

第6章
知識と専門知

相手が正直であり、善良な意図を持っているだけでは、信頼するには十分ではない。信頼する場合、相手に能力も求めるからである。よい建設業者をどうやって見つけるかについてあなたが話したことを信頼する際に、わたしはあなたが正直であると信頼してもいる。同時に、あなたが話したことをあなた自身が知っていると信頼してもいるはずである。わたしの休暇中にあなたがペットの世話をしてくれると信頼する際に、わたしはあなたの意図が善良であると信頼してもいる。同時に、グレートデーンとシベリアンハムスターの世話の仕方をあなたが知っていると信頼してもいるはずである。

知識に関わる信頼の側面は、誠実さに関わる側面よりも道徳的に扱われることが少ない。政治やその他の分野における「信頼の危機*」の議論の焦点となるのは通常、スキルや知識に対する疑念ではなく、正直さや善良な意図に対する疑念である。政治家の能力(やその不足)をわたしたちは心配するかもしれないが、信頼という言葉でその心配を表現することは少ない。結局のところ、故意に他人を欺いたり、他人を失望させると知りながらそうする人よりも、正直にやって誤りを犯した人の方が、容易に許されるのである。しかし、このような寛容さには限界があり、責任のある立場にいる人は、それに必要なレベルの専門知をもつ義務がある。

＊牛海綿状脳症(BSE)に感染した牛や遺伝子組み換え作物のリスクへの対応に関して、一九九〇年代後半からイギリスやヨーロッパ各地で高まった科学や科学技術政策に対する公衆の不信。

エステル・モリスは二〇〇二年に英国教育大臣を辞任した際に、自分はその職に見合ったスキルをもち合わせていなかったのであり、このような重要な役目には「次点」では足りないのだと述べた。彼女の辞任は一連の危機と問題の後に起こったが、それでも彼女の正直さと廉直さは広く称賛された。辞任の理由について彼女が告げたことが信頼できるのであれば(そうできるかは疑問だが)、モリスは見事な信頼性を示したことになる。自身の職のコミットメントを果たすことができないと認識した際に、果たされないままのコミットメントを背負って生きるのではなく、辞職を選んだからである。

信頼に値するには常に専門知が必要なのだろうか？　必ずしもそうではない。自分の限界を知っている人であれば、ほとんど知らない分野に関してもその人が信頼に値するということはありうる。あなたがガンの治療法を知らなくても、それだけであなたが信頼に値しないということにはならない。しかし、ガンの治療法を知らないにもかかわらず、あなたが自信をもって助言し始めたならば、あなたは信頼に値しないことになってしまう。ペットの世話についても同様である。あなたがハムスターの好物を知らなかったとしても、あなたが信頼に値することはありうる。しかし、好物を知らない(あるいは、たやすく調べられない)ならば、あなたはハムスターの世話をすると申し出るべきではない。

信頼に値することはコミットメントを果たすことに関わるのであり、そのためには善良な意図と能力の両方が必要である。信頼に値することには、すでに引き受けたコミットメントを果たそうと試みるだけでなく、自分が果たせないコミットメントを避けようと試みることも含まれる。自分が果たすことができないと知っているコミットメントに縛られるのは、人をひどい気分にさせる。その結果が重大であり、他人が自分を頼っている場合には、特にそうである。そのようなひどい気分を経験することで、わたしたちは今後行う約束について慎重になることができるし、そうすべきである。

したがって、信頼に値するには自己知も必要なのだ。自分が知っていることと知らないこと、自分の能力やスキル、短所について自分自身に正直であることは、他人から見て信頼に値するための必要条件である。そして、逆に言えば、わたしたちが信頼できる人を探す場合には、自分の長所だけでなく限界も知っている人を探すべきである。信頼に値する人は、自分のスキルや知識、限界を見積もるのがうまいため、助けや助言を提供すべき機会と身を引くべき機会を知っていることが多い。信頼に値する選択肢が、たとえ相手を失望させると分かっていても、「知りません」、「残念ながらわたしにはできません」と言うことである場合もある。他人から見て信頼に値するためには、自分が現実にやり遂げられることは何か、自分の欠点はどこにあるのかについて、自分自身に正直になる必要がある。自分の才能についての過剰な楽観視は、ある形での信頼性の欠如を引き起こすのである。

この種の自己知は、常に容易に獲得できるものではない。コンクールに出場したり、試験に合格したりするという形で、外的な基準によって自分のスキルや知識を測ることができる場合もある。しかし、多くの場合、これは実行不可能である。このため、自信の大きさや傲慢さ次第で、わたしたちは自分を過大評価したり過小評価したりすることになるかもしれない。さらに、この種の自己知は、過度の自己集中を必要とする場合もありうる。自分自身の才能や専門知を正確かつ詳細に見積もることは、自分で設定できる人生の目標のなかで、最良のものではないからである。

しかし、自己知についてのこのような問題は、なぜ完全な信頼性を獲得することが難しいのかを説明するのに役立つ。完全な信頼性を獲得することは、たしかに難しい。自分に何ができるかを知ることは難しく、そのため他人に何を申し出るべきかを知るのも難しい。自分は本当にこの新しい職の要求に応えることができるのか？　自分は本当に貯蓄について助言を提供できるのか？　自分は本当に他人に影響を与えてもよいほど自分の意見に確信をもっているのか？　こうした点についての誤りにより他人からの信頼を裏切ることになるとしても、不誠実さから生じる意図的な裏切りよりは許容可能であるかもしれない。しかしながら、前者の信頼の裏切りの場合でも、信頼性は獲得されない。

能力・スキルと正直さ・善良な意図との相違は、原理的には十分明確だが、実際の場面では曖昧になることがありうる。長い間の経験から、わたしは友人のデイジーと会う約束をしても、時間どおりに来るとは信頼しないようになった。わたしは、一人で待つのが気にならない場所で会う約束をしたり、本をもって行ったり、自分も遅れて行ったりしている。デイジーの問題とは何だろうか？　時間どおりに来ることができないことか、そうするように努力できないことか、どちらだろうか？　つまり、能力の欠如か、善良な意図の欠如かのどちらだろうか？　きっと、その両方が関わっている。彼女は時間どおりに行動するのが容易だとは思っていないが、その困難を克服するために、文字どおり最大限の努力をしているわけでもない。

　同じことが、人々の述べることを信頼する場合にも当てはまる。メイジーが息子の華やかなキャリアについて話すことをわたしは信頼できない。彼女は故意にわたしに嘘をついているわけではない。あらゆる証拠がそうではないと示しているにもかかわらず、自分の息子が大成功していると信じ続けているのであり、この根拠貧弱な信念を単なる事実としてわたしに伝えているのである。彼女は不正直なのだろうか。完全にそうだというわけではない。自分の述べていることを、彼女は信じているからである。しかし、彼女は悪気のない誤りを犯しているわけでもない。息子についてより多くのことを彼女は知ることができるはずだからだ。繰り返すが、正直さと知識の両方が問題であり、どちらが問題なのかを明確に区別することは困難である。

　しかしながら、信頼についての研究の焦点は、正直さか知識のどちらかのみに絞られ、他方を排除していることが多い。より多くの見返りを期待して他人にお金を渡すかどうかを決定する「信頼ゲーム」の実験の焦点は、能力ではなく善良な意図にあるように思われる。この実験の設定では、受け取る側がいくらかのお金を返すことができるということは明らかであり、問題は彼らがそうしようと意図するかどうかだけである(重大なのは正直さではないという事実は、信頼ゲームが信頼行動の一側面のみをテストしていることを裏付けている)。チンパンジーは、餌と毛繕いという資源を交換するために互恵的な取り決めをしているように思われる。これらの資源が特定の時点で利用可能かどうかは、関係する全チンパンジーに通常は明らかである。不確実なのは、意図に関わる点である。同様に、欺瞞の発見やボディランゲージ、告げ口についての実験は、当然ながら、他人の正直さについての判断を対象とするのであり、知識のレベルについての判断を対象とするのではない。

能力に関わる信頼の側面——そして、信頼性——について考えるためには、他人の述べたことから知識をどのように獲得するのかを考える必要があるし、スキルを有する実践者、つまりノウハウをもった人をどのように判定するのかについても考える必要がある。

誰が知っているのか?

知識が不足していて他人に助けを求める場合、わたしたちは厄介な立場にいることになる。必要とする知識をもっている人をどのようにして判定することができるのか。質問して彼らが正しい回答をするかどうかをチェックすることはできない――正しい回答が何なのかを自分が知っているならば、そもそも彼らの助けを必要としないだろう。事実についての単純な知識ではなく、スキルを求めている場合は、ものごとは少し容易になる。母親が運転するのを助手席に座って見ていたために、たとえ自分では運転の仕方を知らなくても、母親が運転の仕方を知っているとわたしは判定することができる。しかし、あらゆるスキルがこのように簡単に評価されるわけではない。わたしはグジャラート語の話し方を知らないし、バスの前の席に座っているカップルがグジャラート語の話し方を知っているかどうかを判定することもできない。わたしが知らない言語で彼らがおしゃべりをしていることは知っているが、それがわたしの知識の限界である。

それでは、どのようにしてわたしたちは知識所持者を見つけ出すことができるのだろうか？一つの手がかりは、地位や名声である。英国の新聞が科学的な問題についてのコメントが欲しい場合、マーティン・リースにたずねることが多い。友人たちにとって彼はマーティンであるに過ぎないが、その他の人々にとって彼はマーティン・リース教授、ラドローのリース男爵、メリット勲章受章者、ケンブリッジ大学トリニティ・カレッジ学長、英国王室天文官、元王立協会会長、レース講義の講師であり、科学研究とコミュニケーションに関する多数の著名な賞の受賞者なのである。彼の名を冠した小惑星さえ存在する。わたしたちのほとんどは、リース卿の科学的な専門知を直接チェックすることはできないが、その長い肩書によって、彼が天体物理学に関する優れた情報源であることは明らかである。

これらの肩書の多くは、リースの専門知についての二次的、三次的な保証をわたしたちに与えるものである。何と言っても、メリット勲章は女王から個人的に賜るものであり、トリニティ・カレッジ学長や英国王室天文官は、首相の助言に基づいて女王によって任命される。エリザベス女王はマーティンを単に気に入っただけだろうか？　当然ながら、女王は天体物理学の専門家として知られているわけではないし、最近の首相たちもそうではない。しかし、わたしたちがこれらの肩書を真剣に受け止めるとすれば、その理由は、女王は首相から助言を受けるが、その首相は役人から助言を受け、そして、その役人は関連分野で強力な肩書をもつ科学者から助言を受けると考えるからである。リースが受賞した賞の多さは、専門家同士の中で高く評価されている人々から彼が受けている高い評価を反映する。同様に、査読付きの学術専門誌で彼が発表した数百もの論文は、彼の研究がその分野の他の専門家によって高く評価されていることを反映している。マーティン・リースがブラック・ホールについて何かをわたしに話した場合、わたしは彼を信じる。

近年、リースは宇宙物理学以外の科学についても幅広く執筆している。常に読者の関心に応える分かりやすい仕方で、人類文明の未来、気候変動、地球外生命体や、他の刺激的なトピックについても執筆しているのだ。二〇一〇年のレース講義では、科学、肩書、信頼、メディアについての問題まで取り上げた。しかし、宇宙物理学者としてのリースの肩書は、これらのより一般的なトピックをカヴァーするのに、どこまで適しているのだろうか？　彼が非常に知的な人物であり、必要となるさまざまな種類の資料を用いているのは確かだが、ある分野の肩書を別の分野へ転嫁することには危険が伴う。『インディペンデント』紙のインタビュー(二〇一〇年九月二七日掲載)の中で、人類が宇宙を植民地化するのは避けられないという友人であるスティーヴン・ホーキングの見解をリースは否定した――「それは思慮の足りない発言だと思う」と述べた。リースはまた、宇宙論が神を必要のないものにするというホーキングの見解も否定した。

スティーヴン・ホーキングは、四〇年来の知り合いで、傑出した人物である。この理由で、彼の行う予言的な発言は、誇張されて喧伝される。わたしはホーキングをよく知っているが、彼は哲学はほとんど学んでいないし、神学はもっと学んでいない。したがって、このトピックについての彼の見解を少しでも重視すべきだとは、わたしは思わない。

リースとホーキングは肩書という点では極端なケースだが、誰にでもよかれ悪しかれ評判は伴う。正式な資格や証明書をもっている人もいれば、名前の後に書く称号をもっている人もいる。知識やスキルのある人を探す際の手がかりの一つとして、こうした評判やその証となるものは、誤りの可能性があるにせよ有益である。

もう一つ手がかりとなるのは、情報源へのアクセスである。自分の知らないことを他人が知ることができるということが分かる場合がある。あなたが新聞のテレビ番組欄を眺めているのを見かけたら、わたしは今夜何が放送されるのかをあなたに聞くだろう。首相に「近い情報筋」は、首相の周りで何が起こっているかを知っている可能性が高いと見なされる。芸能誌を開けばどこにでも現れる、ジェニファー・アニストン、ブラッド・ピット、アンジェリーナ・ジョリーの「友人」も同様である。目撃者は裁判では重要である。目撃者は何が起こったのかについての特別な知識をもっていると想定されるからである。他方で、裁判では、伝聞証拠は目撃証言よりも信憑性が低い(less reliable)と見なされる。

経歴からもさまざまな手がかりが得られる。情報源となる人々の中には、ものごとを成し遂げたという歴史をもつ人もいる。しかし、どのようにして彼らがそのための情報やスキルを獲得したのか分からない場合もあるし、それを知りたくない場合もあるかもしれない。もちろん、これらの異なる種類の手がかりが一体化していることもありうる。非公式、公式の肩書や評判は、ものごとを成し遂げたという経歴を反映しているのかもしれない。

社会心理学者は「専門知ヒューリスティック」と呼ばれるものを研究している。その理由は、多くの場合、彼らは広告メッセージの力に関心をもっているからである。誰かが言ったことを信じるかどうかを決定する場合、わたしたちは話し手を評価するだけでなく、彼らが言ったこと自体の妥当性(plausibility)も評価する。話し手の職業や経験などの具体的な情報は、当然、聴衆が彼らの言ったことを信じようとするかどうかに影響する。しかし、話すスピードも同様である。一般的に、話すスピードが速い人ほど、能力と知識が豊富であるように見える。その理由の一つは、早口な人が確信があるように見えるからである。もう一つの理由は、早口の発言では、聞き手には、提供されている議論や証拠の弱点を見抜くのが難しくなるからである(ただし、聞き手に対して早口の度がすぎるということもありうる。話し手が何を言っているか分からない状態に陥る場合、彼らが言っていることへの聞き手の確信は崩壊してしまう)。

発言の長さと詳細さも、発言の説得力を増す(この A Very Short Introduction シリーズの著者としては、やや残念だが)。詳細に話した方が専門知があるという印象を生み出すのは当然かもしれないが、非常に空疎で冗長であっても長く話した方が専門知があるという表面上の印象を生み出すことがありうる。しかし、聴衆にとって重大事であり、より注意深く聴いている状況では、この印象が生み出されないこともある。

表面的な印象に基づいて即座に判断を行うことは、常に悪いわけではない。多くの日常の状況では、誤りのリスクは大きくなく、誤ることはそれほど重大事でもない。受け取るすべてのメッセージ、情報を提供するすべての話し手を注意深く評価するために時間をかけるという機会コストを払えば、正確性のわずかな増加につながるかもしれないが、効率の大きな低下と引き換えになるかもしれない。ヒューリスティクは、日々の暮らしに有益である。ただし、重要性の高いことがらについて誰を信頼すべきかについては、常に有益な指針であるわけではない。

社会の中の専門家

子どもにMMRワクチンを接種させるべきなのか？ 人間の行動は気候に重大な影響を与えているのか？ 陸上風力発電所はエネルギー需要に有益な貢献をしているのか？ 二〇一一年八月にイギリスの都市で起きた暴動の主な原因は、親の子どもへの悪いしつけだったのか？ 刑務所は機能しているのか？ これらの疑問について、わたしは自分の考えを知っているし、きっとあなたもこれらの疑問の少なくともいくつかについては強固な見解をもっているはずだ。しかし、わたしもあなたも、これらの複雑なことがらすべてについての専門家ではない。慎重にそうしたかどうかは別にして、いずれにせよ専門家とされる人々の見解と思われるものに部分的に依拠して、わたしたちは自分の見解を形成したのだ。

わたしたちの社会は複雑であり、さらにわたしたちはさまざまなテクノロジーとともに暮らしている。このため、専門家の助言は不可欠である。ある伝統的な見解によれば、専門家は、個人の価値観に左右されることなく、さまざまな選択肢や可能性について事実に即した情報を提供すべきである。どの価値観を採用するかは、通常の民主的プロセスによって、社会全体が決定する。たとえば、専門家は、さまざまな拘禁刑や非拘禁刑の制度が再犯率に及ぼす影響について情報を提供するかもしれない。しかし、再犯防止、道徳的懲罰、被害者の願い、犯罪者個人の権利、財政的効率のどれを司法制度が優先すべきかを決定する際に、そうした専門家が特別な役割を果たすわけではない。この伝統的な見解では、事実と価値を峻別することは可能であり、唯一の問題は、専門家が個人的な偏見を科学にもち込まないほど誠実であることを徹底することである。

この伝統的な見解には、多くの難点がある。どのような疑問に専門家の意見が必要なのか、どのような種類の専門知が重要なのかについて、人々の意見が異なることはありうるし、実際に異なっている。親の子どもへの悪いしつけは暴動の原因になるのか？　社会科学者たちはこの疑問を、「イエスかノーか」のどちらかで回答できそうになく、慎重なデータ収集と複雑な統計手法を必要とする、厄介で長期的な研究が必要な疑問だと理解している。多くの新聞コラムニスト、政治家、一般市民は、常識的な疑問だと理解している。彼らの理解では、暴動が起きている夜によい親がティーンエージャーを外出させないことは明らかである。さらに、よい親が子どもにきちんとした道徳的価値観──店の窓を割り、商品を盗まないことを含む価値観──を教え込むことも明らかである。ここには、専門知が必要かどうかについて意見の不一致がある。また、自分の子どもをもったり、暴動が起こった地域に住んでいたりすることが、(承認された公式の資格ではないにせよ)ある種の専門知を与えることになるかどうかについても意見の不一致がある。

風力発電所などの他のことがらについての疑問に回答するには、何らかの技術的な専門知の手助けが必要であることは、議論の余地がない。風力タービンはどのように機能するのか?さまざまな気象条件下で、どの程度のエネルギーを生み出すことができるのか?どの程度の騒音を発し、鳥やその他の野生生物にどのような影響を与えるのか?これらは事実のみに関わり、科学的な調査によって決着をつけることができる疑問のように聞こえる。つまり、地域住民の懸念と国家の需要、美観と実利、また現在の課題と将来世代の命運との妥協点をどのように見つけるかという「価値に関する疑問」に進む前に、決着をつけることができる疑問のように聞こえるのだ。しかし、風力発電所を建設すべきかどうかについて意見が一致しない人々は、事実に関する疑問についても意見が一致しない傾向にある。風力発電の事実に関する疑問についての専門家の中にも、価値に関する疑問の考慮へとスムーズに進むことを可能にする情報源だと万人に認められている人など存在しないのである。

あるトピックについての専門家間でも、深刻で大きな意見の不一致が存在する場合もある。合意がほとんど達成されている場合であっても、論争や見かけ上の均衡を重視する報道によって、その事実が隠されるということが起こりうる。二〇一一年に遺伝学の専門家であり、科学コミュニケーター、(マーティン・リースと同じく)レース講義の講師でもあるスティーヴ・ジョーンズ教授は、ユニヴァーシティ・カレッジ・ロンドンの科学コミュニケーション・ユニットの支援のもとで、BBCの科学報道を審査するよう依頼された。BBCの編集ガイドラインは十分な公平性を要求するが、この要求を満たすための細心の努力が少数派の意見を偏って重視したり、公表したりすることにつながっており、さまざまな問題について異論が実際には少ない場合でも多いように見せてしまっていると、ジョーンズは結論した。

編集者やジャーナリストの仕事は困難なものである。科学的な訓練を受けたとしても、自然科学や社会科学内のさまざまな分野すべての専門家になることはできないが、そうした分野がヘッドラインに現れることもあるかもしれない。専門家間の合意と思われるものに沿うことは、重要な反対意見が放送されないことにつながりうるが、すべての反対意見を放送にのせることは、専門家の意見の状態を誤って伝えることになりうる。

市民として、わたしたちはこのような事態にどう対処すべきなのか？　誰を信じることができるのか？　おそらく、その解決策は、科学に関する公衆の理解を向上させることにある。公衆の科学理解についての「欠如モデル」によれば、科学者の義務は、できる範囲内でその専門的知識を、それが欠如している公衆に伝えることである。こうすることで、科学的論点や科学的論争を一般の人々がより明確に理解できるようになる。科学的知識の向上は大きな願望であるが、わたしたちのほとんどが科学的論争を自分自身で評価し、どちらが優れているかを判断することができるようになるということはありそうにない。反対に、現代科学はあまりにも巨大で多様であるため、個々の科学者でさえ、自分で評価できるのは自分の専門知に属する比較的狭い分野内であり、科学の他の分野には部外者として向き合わなければならない。

欠如モデルと対立する公衆の科学理解についての別の見解は、社会制度として科学がどのように機能するのかを理解することをより強調する。どのようにして論争は決着するのか？　誰がどこで何を発表するのか？　思弁と理論と証拠はどのように相違するのか？　科学者はどのような種類のプレッシャーのもとで仕事をしているのか？　とりわけ、知識の獲得、反論、合意に関する状況は、異なる科学分野間では違っていることがありうるし、経済学などの社会科学を含めると、特にそうである。二〇〇三年、『インディペンデント』紙は、金融大手HSBCが最近買収したハウスホールド・インターナショナル社には一五〇人の博士号をもつ専門家がおり、ビジネスに関するリスクを評価していると、HSBCの会長が誇らしげに語ったと報じた。ハウスホールド社はサブプライム住宅ローンを専門に扱っており、その後のトラブルにより、HSBCは二〇〇八年までに英国政府による救済措置が必要となった。このケースでの専門家の合意は、大きな誤りだったのである。

社会科学を含む科学の仕組みを把握することは、さまざまな種類の専門家間の意見の相違や合意の性質と意義をより適切に理解することを手助けするはずである。この理解は信頼の代わりになることはできないが、より賢く信頼するための手助けにはなる。

最後に、公式の教育や訓練から生じる知識や専門性だけでなく、状況や経験から生じる知識や専門性にも注意を払う必要がある。社会学者のブライアン・ウィンは、一九八六年のチェルノブイリ原発事故がイングランド湖水地方の丘陵部の牧羊に与えた影響を研究した。問題となっていたのは、丘陵部で放牧されていた羊への放射能の短期的・長期的影響と、農家の市場での羊の販売力に関する結果だった。事故直後、公式発表ではその影響は軽視されていたが、その後数週間で、丘陵部や羊の体内から検出される放射能は増加していった。販売規制は延長され、農民たちが危惧したように、もともと不安定だった彼らの生活に深刻な損害を与えた。農民たちは、地元のウィンズケール原子力発電所(特に悲惨な事故の後、「セラフィールド」と改名)での一連の事故によって、放射能が家畜に及ぼす影響について長い経験を有しており、この経験をチェルノブイリの状況に当てはめることができた。ウィンは、農民たち自身の「素人」専門知は、多くの点で科学者たちのものよりも深く正確だったと結論づけた。公衆の科学理解とともに、科学者と非科学者の相互交流が必要なのである。

自己信頼

信頼は、異なる人々の間、あるいは人々と組織の間で生じるものとして論じられることが最も多く、本書もそうしてきた。しかし、「誰を信頼すべきか？」とたずね、「自分自身」と回答しても問題ない場合がある。また、そうする気になれるかどうかは別として、本当は自分自身に不信をもつべき場合もある。

自己信頼に関する問題は、自己信頼に何らかの困難がある場合に初めて生じやすい。うるさい隣人と対峙しても、怒らないと自分を信頼できるのか？　リストを作らなくても、必要な食料品をすべて買うことができると自分を信頼できるのか？　家の中にタバコがあったとしても、吸わないと自分を信頼できるのか？　これらは何を自分がすると信頼できるのかについての疑問だが、知識や証拠に関連する自己信頼についての疑問もある。自分が覚えていると思うことを信頼できるのか？　それとも自分が混乱しているのか？　状況や人物についての自分の本能的な判断を信頼できるのか、それとも偏見や願望が誤った方向へと自分を向かわせているのだろうか？

自己信頼には、わたしたちが他人に対して抱くことがある、完全に道徳的な意味での信頼と似ている点と似ていない点がある。完全に道徳的な意味での信頼は、それに基づいて親密な関係を築くことができ、うまくいかない場合には憤りや裏切りの感情につながるものである。自己信頼は、信頼するかどうかを決定しなければならない「わたし」と、信頼の対象である「わたし」(多くの場合、過去や未来のわたし)との二極という、自己分裂を含んでいるように見えることがある。今現在のわたしはタバコを吸う誘惑に惹かれてはいないが、ワインを一杯飲んだ後のわたしは信頼できるのか？　未来のわたしを信頼するのではなく、未来のわたしへの誘惑を回避するための予防策を講じるべきなのか？　自己分裂として自己信頼を理解する見解は、自己信頼を他人への信頼の特別なケースとして扱い、今より過去の自分と未来の自分を特に親密な「他人」だと考えるように促す。

自己信頼は、他人への信頼と同じ道徳的重要性をもつのだろうか？　結局のところ、自分自身を信頼していたがそれが間違いだったということになる場合、不満や失望を感じることはあっても、自分自身を裏切ったと考えるのは普通ではないし、自分自身に謝罪を求めたりするのはさらに奇妙なことだろう。典型的な他人への信頼のケースでは、相手に信頼させておいてから失望させることは道徳的な過ち、つまり、非難されるべき種類の信頼に値しないことだと見なされる。しかし、未来の自分は、それより過去の自分に信頼させようとするわけではなく、拘束力のある約束をしたりするわけでもない。強い意志をもち、過去の自分の意図をまっとうすることができれば、得られるものは多い。たとえば、この種の意志の力がなければ禁煙は難しいだろう。しかし、この種の意志の強さは、約束を守ったり、信頼に値するために必要な種類の他人へのコミットメントとはやや異なっている。

哲学者のキャロリン・マクラウドは、自己信頼と倫理の他の関係性も論じている。マクラウドは、適切な自己信頼は自律性——自分で考え、行動し、選択する能力——の重要な要素であると論じる。彼女の見解では、自己信頼は、現代医学の文脈の中で健康管理についての決定を下す必要がある場合に、特に重要なものでありうる。自分が必要な専門的知識をもっていないために、他人が自分を信頼しない場合や何らかの分野で信頼に値しないと告げられる場合には、自分自身を信頼することは難しくなる。患者の自己信頼を促進し保護することは、患者の自律性を尊重するための重要な要素である。実際、ある程度の自己信頼は、他人を信頼するかどうかの決定にも関与している。誰を信頼すべきか知っていると自分を信頼できるだろうか？

他人への信頼と同様、自分自身を信頼するかどうかの決定も、自分に利用可能な証拠によって補助されるはずである（おそらく、証拠によって確定されるわけではないが）。わたしは経験から、『サーティー・ロック』の一話だけを見て、スイッチを切って本書の執筆に戻るとは自分を信頼できないと学んだ。より執筆を進めたい場合、そもそもDVDを見始めるべきではないのだ。わたしは経験から、自分は色についての記憶力が悪いということも学んだ。ドレスに合う靴が欲しい場合、ドレスを一緒に靴屋にもっていかなければ、正しい選択ができると自分を信頼することができないのだ。

自己信頼と自信の向上によって実際に自分のパフォーマンスを上げることができるならば、証拠が示すよりもやや強い自己信頼をもつことはよいことである場合もある。他人を信頼することで、少なくとも適切な状況下においては、他人の信頼性をより高めることができるように、自分自身を信頼することで、自分の能力や成功率、信頼性を高めることができる。しかし、他人を信頼する場合と同様、他人の大きな利益が関心事である場合は、証拠が示す以上の信頼をもつことには注意する必要がある。自信を鼓舞するスローガンは、訓練せずに五七人乗りのバスを自分が完璧に運転できると信じることを許容するものではない。そして、もし自分が空を飛べると信じるならば、どんなに自分の気分が高揚するにせよ、ものごとはよい結果にはならない。

マクラウドが論じるような医学的な文脈内でも、またそれ以外の文脈内でも、わたしたちには周囲の人々がある程度のレベルの自己意識と自己信頼を達成できるように手助けする若干の責任がある。実際、言葉による虐待や侮辱の有害な影響の一つは、被害者の自己信頼を低下させることである。家庭内の虐待によって、被害者が状況の現実を判断できると自分自身を信頼したり、解決策を見つけることができると自分自身を信頼したりすることが難しくなるほど、被害者の自己信頼が低下するということが起こりうる。よりポジティヴな点として、教師やコーチの重要な役割は、生徒が自分の専門分野で自己信頼を獲得し、確立することができるようにすることである。そして、親として引き受ける慎重を要する課題は、自分のかわいい子どもの才能を過大評価しやすい――そうすべきでもあるが――と知りつつ、子どもに自信と自己意識を教え込むことである。

選択と責任

信頼したり、不信をもったりすることは、自分で行うと選択したと感じられないものである場合がある——非常に多くの場合、わたしたちは自分が信頼したり不信をもったりしているという状態にあるとは分かるが、どのようにしたそうした状態に至ったのかについてはほとんど意識していない。では、信頼を自分でコントロールできないのだとすれば、誰を信頼すべきかについて考えることの意味は何だろうか？

自分が信頼している（あるいは不信をもっている）と分かることができるのと同様に、コントロールしているという感覚ほとんどなしに、自分が信じているか、信じていないかも分かる。わたしはマーガレット・サッチャーが英国初の女性首相であったことや、残酷な行為は間違っていること、クリント・イーストウッドに一度も会うことはないことを信じている。これらの信念を支持する証拠を正確に特定するのは難しいとわたしは思っているかもしれないが、これらの信念はそれぞれ合理的だとわたしは考えている。さらに、わたしはこれらの信念を簡単に意志の力で放棄することはできない。たとえ多額の賄賂を差し出されたとしても、できないのである。もしわたしの見解を変えさせたいのであれば、これらの信念に反対する何らかの証拠を提出——あるいは、捏造——しなければならない。たとえば、イーストウッドが来週わたしの職場を訪れるという新聞記事や、チャーチルが実際には女性であったという新聞記事をである。後者の場合、わたしの見解を変えるには、一つ以上の新聞記事が必要である。たとえ自分の見解を変える方が都合がよいのだとしても、残酷な行為が悪いということについての見解をそもそも変えることができるような証拠がどのようなものなのかを想像することは、わたしには困難である。

誰かが何かをすると信頼することは、特定のことがらに関してその人が信頼に値すると信じることである場合が多い。信頼が信念を伴う場合、信頼を直接コントロールできないことは、驚くことではない。あなたが信頼に値すると信じようと、わたしは単純に決定できるわけではない。あなたが信頼に値すると十分に信じていないのにあなたを信頼する場合でさえ、わたしのもつ証拠がわたしの信頼に何らかの制限を課す。あなたはまったく信頼に値しないとわたしが強固に信じる場合、どうすればわたしがあなたを何らかのことがらに関して信頼できるのかを理解することは困難である。わたしはあなたを信頼するふりをし、人前ではあなたを信頼しているかのように行動することはできるかもしれない。しかし、実際に信頼するかどうかをわたしは自分の力で変えられないだろう。

しかしながら、わたしたちが一般に自分の信念を選択しないことや、誰を信頼するかを選択しないということが事実であるとしても、信念と信頼は評価の対象にならないというわけではない。わたしたち自身の一人称的な事例では難しいが、周りの人たちを見渡せば、合理的な信念と非合理な信念の例を見つけることは難しくない。ここでは、合理的であることは、単に真であるということではない。友人が非合理だと考えていなくても、わたしの意見と彼女の意見が異なることはありうる。たとえば、わたしが彼女よりもよい証拠をもっている場合である。彼女は自分のおかれた状況で唯一の賢明な結論を下したとわたしは理解できるのだが、事実について彼女が誤っているということもわたしは知っているのである。

したがって、信頼と信念は一体化しており、自分が直接に選択できないとしても、それらは依然として合理性と非合理性の評価にさらされる。そして、信頼と不信、誠実さと不誠実さについて正しい判断を下すために、わたしたちはみな最善を尽くすことができるのである。

哲学者のミランダ・フリッカーは、人々の声を公平に聴くことを保証することの道徳的・政治的重要性を強調している。わたしたちの偏見――たとえば、人種、階級、性別に関する偏見――が、わたしたちの他人への信頼を低下させる場合、わたしたちはその人たちに深刻な害を及ぼすことがありうると、フリッカーは論じる。このような偏見は、「女々しい悪知恵」の場合のように欺瞞の予期や、「愚かな少女」の場合のように無知の予期へとつながることがありうる。欺瞞の予期は、無知の予期よりも大きな道徳的糾弾をもたらすかもしれないが、どちらも不利な立場にある集団の大規模な沈黙化につながることがありうる。この沈黙化により実際の損害が生じうるということを理解することは容易い。自分の声を聴いてもらえない場合には、自分の関心事が見過ごされるという損害が生じる確率が高い。しかし、この沈黙化による損害は以下の場合により深刻なものになると、フリッカーは論じる。自分の声を聴いてもらえなかったり、自分の知識を表現する機会がなかったりする場合である。そのような知識は、ある重要な意味で、本当の知識にはならない。知識はわたしたちが共有し、伝達できるようなものである。共有できない知識は、その価値の多くを失うことになる。

フリッカーは、「認識的正義」、つまり、他人のために彼らの声を尊重するようにわたしたちを促す。しかし当然、自分の偏見に依拠するのではなく、証拠を考慮しつつ他人の声を聴くことで、あるいは少なくとも他人が信頼に値すると判断することで、わたしたちにも多くの利益がある。偏見がなければ開かれていたはずの情報源や協働の機会に耳を閉ざすならば、わたしたちは自分自身に損害を与えているのである。

第7章
インターネット上の信頼

双子の赤ちゃんが昼寝をしている間、わたしは多胎児の親たち――大抵は母親――のネット掲示板を閲覧していた。ときには役に立つアドヴァイスを得ることができたが、ほとんどの場合、他の親たちも疲労と闘っていたり、乳児期の段階を乗り越えて幼児期を迎えた双子との生活を楽しんでいたりする事実に慰められた。わたしよりもずっと大変な状況――ひとり親だったり、年長の子どもの面倒も見なければならなかったり、経済的な問題をかかえていたり、医療上の問題をかかえていたり――の中で何とかやってのけている人々を見ることは有益だった。そして、わたしは三つ子やそれ以上の多胎児をもつ親たちに畏敬の念を抱いていた。その気持ちは、単純に彼らが生き延びていることに加えて、彼らのスレッドで提供されていた相互支援に対しても向けられていた。そこでわたしもスレッドに時々もぐり込んだものだ。

ほとんどが三つ子で、四つ子の取り合わせもいくつかあったが、ある母親は乳児期の三つ子と幼児期の双子を抱えていた。驚くことではないが、彼女の生活は厳しいものであり、特にパートナーが去った後はさらにそうだった。だが、他の三つ子のお母さんたちはいつも慰めたり、助言を与えたり、彼女のやる気を出させようとした。三つ子の一人が重病になり、入院した――その状況を一人でどうやってしのいだらいいか想像してみてほしい――が、最終的には回復した。その後、そのスーパーお母さんは、彼女の親族が住むニュージーランドに移住することを決め、たった一人で五人の小さな子どもたちを連れた長いフライトをやりおおせるための荷造りと準備がもたらしたトラウマについて詳細に語った。最終的に、彼女はぼろを出した。他の三つ子の母親たちは、航空会社が赤ん坊一人につき一人の大人の同伴者を要求することを自分たちの経験から知っていたので、その話が嘘だと分かったのだ。スーパーお母さんは偽物《にせもの》として糾弾され、(見たところ)掲示板には二度と戻ってこなかった。

わたしは動揺したが、単なる傍観者だったのであり、支援を提供していたわけでも、自分の人生の詳細を明かしていたわけでもなかった。より能動的に関わっていた人たちは、ショックを受け、取り乱し、どう反応すべきか、この件に投じた時間や感情的エネルギーをどう考えるべきか、掲示板をどう続けたらよいか、分からなくなっていたようだ。他にも偽物がいるのではないか？　どうすれば本物の友情を壊すことなく偽物を見分けられるのか？　誰かが自分のことを偽物だと疑いはしないか？　自分が偽物ではないことをどうやって証明できるのか？

その後まもなく掲示板は全面的に刷新され、登録とパスワードが必要になった。わたしは徐々に遠ざかっていった。

インターネットが登場する前から、偽物や詐欺師は存在していた。それは重婚者だったり、金融詐欺師だったり、スピルバーグの『キャッチ・ミー・イフ・ユー・キャン』でレオナルド・ディカプリオが演じたフランク・アバグネイル・ジュニアのようなその道の達人だったりした。しかし、インターネットはわたしたちにできることをよくも悪くも増幅させ、変化させる。一〇年前なら、ほかの双子の親たちや、ましてや三つ子の親たちと接触するなんて、ほとんどあるいはまったくなかっただろう。その一方で、どんな接触も双方向だったはずだ。つまり、自分は話に加わらないまま会話の場に出入りして話を聞いているだけではいられなかっただろう。スーパーお母さんが彼女のしでかした詐欺を対面でやってのけることはほぼ不可能だったろう――リアルな生活で三つ子の赤ん坊を捏造するのは難しい。しかし、本当に多胎児をかかえるお母さんたちの中には、自分のかかえる問題や気持ちを話し合い、自分の生活に他人を巻き込むことなく彼女たちが求めていた支援を得ることがオフラインではできなかった人もいるかもしれない。ネット上の匿名の交流が、対面での交流よりも大きな――あるいはより迅速な――「自己開示」につながることがある、ということを見出した研究もある。

インターネットは一枚岩ではない。そして、わたしたちのインターネットの使用法の多くが、信頼について多様な問題を提起している。これらの問題の一部はオフラインで発生する問題を単に拡大するだけのものだが、その一方で新たな問題も生まれている。

ウィキペディア(Wikipedia)で読んだことはどのような場合に信頼できるのか？　アマゾン(Amazon)、トリップアドバイザー(TripAdvisor)、イーベイ(Ebay)のようなサイトの「カスタマー」レビューやおすすめはどうか？　クレジットカードの詳しい情報に関して、誰を信頼してよいのか？　出会い系サイトやそこに入り浸っている美男美女はどうか？　大規模《マッシブリー》マルチプレーヤー・オンライン・ロール・プレーイング・ゲーム(MMORPGs)では、どのような信頼が必要なのか？　ブログ、掲示板、ツイッター(Twitter〔現X〕)ユーザー(匿名であろうとなかろうと)に対して、わたしたちは何を期待しているのか？　この章では、ウィキペディア、出会い系サイト、カスタマーレビューの三つのケーススタディに絞って議論する。

ウィキペディア(Wikipedia)

ウェブは情報源であふれかえる沼だ。中には、ＢＢＣ、伝統的な新聞、大学や政府が後援するサイトのように、ヴァーチャルでない機関と提携することで信憑性を得ているものもある。これらのサイトへの信頼は、背後にいる人物を知ること、彼らの実績を知ること、そして彼らがものごとを正しく行うことへのインセンティヴを知ることによって支えられている。それ以外に、ヴァーチャルでない機関とのはっきりしたつながりをもたないにもかかわらず、正確だという評判や保存に値するという評判を獲得したサイトもある。

ウィキペディアはまったくの別物である。英語版のウィキペディアには約四〇〇〇万[*]の記事が含まれており、各記事は毎月サイトを訪れる四億人の誰にでも編集できる。それが存在すること自体が、人々が報酬なしに、また大部分は他人に認知されずに喜んで行うものごとの顕著な証である。そこに参加するために資格や専門知は必要なく、どの記事にも特定可能な単一の著者はおらず、公開されている内容の正確さに全体的な責任を負う編集者もいない。わたしたちは、「本を信頼する」べきかどうかや、「人々が言うことを信頼する」べきかどうかを決められないのと同様に、「ウィキペディアを信頼する」べきかどうかについて、一律の判断を下すことは不可能である。ほどほどの信頼や穏健な懐疑といった定番《デフォルト》の態度から始めることは許されるかもしれないが、これだけではわたしたちを遠くまで導いてはくれない。

＊二〇二四年一〇月現在、英語版ウィキペディアの記事数は約六九〇万である。https://en.wikipedia.org/wiki/Wikipedia:size_of_Wikipedia

その代わりに、個々の記事を評価する方法について考える必要がある。これは、個々の書籍や人物についてどれぐらい誠実さや正確さをもつかを評価するのと同じやり方だ。より伝統的な情報源を評価する際には、評判、資格、実績を考慮できる。言われていることそれ自体のもっともらしさと、それとわたしたちがすでに知っていることとの整合性を考慮できる。書き手や話し手が知識をもつ立場にあるかどうかを考慮できる。最後に動機、つまり書き手や話し手が嘘をついたり、誠実であったり、または彼らがその主張をしたりすることから何らかの利益を得ることがあるかどうか、を考慮できる。これらの考慮事項は、ウィキペディアの記事の評価にスムーズに転用できるわけではない。

ウィキペディアの評判、資格、実績については、断片的に分かることがある。二〇〇五年、著名な科学雑誌『ネイチャー』は、幅広い科学的トピックに関するウィキペディアとエンサイクロペディア・ブリタニカ(Encyclopedia Britannica. スローガンは「確実に知る(Know for Sure)」だ)の比較研究を発表した。どちらの情報源にも誤りが含まれており、ウィキペディアの方がブリタニカより誤りが多かったものの、その差は圧倒的ではなかった。より一般的には、わたしたち一人ひとりが何らかの分野——応援するスポーツチーム、育った町、十代の頃に没頭していた音楽のジャンルなど——で、職業的なものであれ個人的なものであれ、専門知をもっている。これらの分野では、わたしたちは自分自身の知識に照らしてウィキペディアの記事の正確さをチェックすることができる。しかし、そのようなチェックは容易に一般化できるものではない。一つの記事の正確さは、異なる人々によって、異なる水準の注意を払って、異なる水準の論争に関して作成される別の記事の正確さを期待する理由にはほとんどならない。

記事が述べることそれ自体のもっともらしさと、それとわたしたちがすでに信じていることとの整合性は、わたしたちがすでに信じていることに合理的な根拠がある限り、ある程度の手がかりを提供することができる。だがやはり、ある要素や記事がわたしたちのすでに信じていることとよく合致しているという事実が、他の要素や他の記事に信憑性を与えるわけではない。なぜなら、一つの記事を正確にしたプロセスが他の記事でも一律に再現されそうだと考える特段の理由がないからである。

専門知に関する問題は評価が難しい。ウィキペディアの編集に参加するために資格が必要ないことは分かっているが、誤りはそれを見つけた誰にでも訂正できることも分かっている。このようなシステムでは、知識をもつ人々の見解が、知識をもたない人々の見解より支配的になるのだろうか？　それはトピックによって大きく異なる。たとえば、小惑星のスペクトル型に関する誤った信念が広まっている可能性は低い。わたしたちの多くはそのトピックについて何も知らないが、知っているという錯覚に陥ってはいない。これに関しては、もしわたしたちがウィキペディアの各記事に付随するおまけのページを参照することを怠らなければ、それがいくらかの手がかりを提供することができる。各記事には関連する議論ページがあってそこで変更が議論され、また同じ記事の以前のヴァージョンの履歴があるのだ。

ウィキペディアの記事を評価する際の最大の難題の一つは、動機と誠実さを考慮するときに生じるかもしれない。より伝統的な情報源――オフラインであれオンラインであれ――の正確性を評価する際には、著者やその情報源の背後にある機関のもちうる動機を考慮することができる。もしわたしが、ある文献が何らかの運動に従事する団体やその話題に商業的な利害関心をもつ会社によって公表されたことを知っていれば、それも考慮に入れることができる。もしわたしが著者や編集者、出版者が正確さと誠実さの評判を維持することから何かを得ることがあったり、嘘や誤りを発見されることで何かを失ったりすることを知っていれば、それもまた考慮に入れることができる。

これらの手がかりはウィキペディアでは容易には利用できない。一部のトピックは論争の余地がないため、編集者の動機が利害関心ではなさそうだと判断できるかもしれない。しかし、それでさえ難しい判断であるかもしれない。もしかすると、小惑星のスペクトル型の性質についての見解の相違のせいで、天体物理学者同士のパートナーが離婚に至ったかもしれない。そして、論争がないからといって、不注意な誤りがないよう正確を期す動機が与えられるわけではない。トピックが論争的である場合や、誰かが利害関係をもっている場合には、編集を行った人々が何を動機としているか分かることは滅多にない。一つの例外が二〇〇六年に発生した。そのときウィキペディアは、米国上院議員のプロフィールに加えられた変更を追跡し、上院内に置かれたコンピュータにたどり着いたのだった。

これらの懸念のいくつかには、ウィキプロジェクト(WikiProject)が対処している。ウィキプロジェクトとは、たとえば特定の科学、地域、時代、またはサイエンスフィクション・シリーズに関する記事を集団で管理する編集者のチームである。チームは協力して記事をレビューし、彼らが必要と考える箇所に修正を加え、詳細を追加し、新しい記事を作成する。とはいえ、彼らが適切と見なす範囲で、メンバーでない人も自由に編集する余地がある。

チームは「自分たちの」領域に属する記事に品質評価を提供する。ある記事がウィキプロジェクトの管轄下にあるかどうかは、その議論ページを確認すれば分かる。わたしは個人的には、これがある程度安心感をもたらしてくれるように感じる——これは恐らく、ヒエラルキーと秩序に対するわたしの好みの表れだ。しかし、ウィキプロジェクトのメンバーシップは誰にでも開かれており、一部のチームは他のチームよりも活動的である。

より新しい展開もあるのだが、そちらはまだ実を結んでいない。二〇一〇年にウィキペディアは「このページを評価する」という機能を導入し、二〇一一年七月には一〇万ページにこの機能を展開した。読者は、各ページが信頼に値する度合い、客観的である度合い、完全である度合い、そしてうまく書けている度合いを評価することができる(「わたしはこのトピックについて非常に詳しい」というチェック欄に記入するオプションもある――もちろん、誠実さと正確さが求められるわけだが)。また、他の読者の与えた評価の平均を見ることもできる。時間が経つにつれて、この機能は一般の読者が個々の記事の信頼性を判断するのに役立つようになるかもしれない。だが、それまでの間、最善のアドヴァイスは次のものだ。「取り扱い注意」。

出会い系サイト

三〇〇年以上も前から、恋人募集中の人々《ロンリーハーツ》は運命の相手《ソウルメイツ》を求めて広告を出してきた。そこには常にリスクが伴い、双方に信頼と注意の両方が必要であった。しかし、出会い系サイトの登場は、これまでと同じ古い問題のいくつかを拡大し、その一方で新たな問題を導入している。まだ始めてもいないうちから、利用希望者はまずサイト自体とそれを運営する会社を信頼しなければならない。起こりうる出会いの質、量、多様性と、積極的なマッチングを試みて成功する可能性がどれだけ見込めるかは、運営会社ごとに異なる。イーハモニー(eHarmony.「独身者のための信頼される出会い系サイトナンバー１」）は性格診断に基づいて出会いを提案するが、他のサイトの一部は単にメンバーが自由に閲覧し、潜在的なマッチングを自分で見つけることを期待している。サイトごとに異なる財政モデルで運営されている――ユーザーには無料で、広告から資金を得ているものもあれば、会費やコンタクトごとに料金を請求するものもある。これらの異なる取り決めは、サイトとユーザーの両方に異なるインセンティヴを生み出す。さらに「無料」のサイトであっても、ユーザーは多大な時間と感情的エネルギーを投資する必要があり、それが最終的に報われることを信頼しなければならない。

次に、出会い系サイト詐欺がある。これは、誰もが自分のメールアカウントから知ってウンザリしている「４１９」詐欺*の洗練された変形である。あなたはオンラインで誰かと知り合い、最終的にはイギリスへの飛行機のチケット代を支払うよう求められたり、母親の医療費を助けるよう求められたりする。出会い系サイト詐欺師は、あなたのメールの受信箱に冷たく呼びかけるのではなく、金銭を求める前に数カ月にわたってあなたと関係を築く機会をもち、相手が自分に恋愛感情をもっていると信じたいというあなたの願望に訴えかけることができる。金銭のやり取りが行われなくても、そのような詐欺は、わたしたちがその後長きにわたって他人を信頼する力を損ないかねないといった仕方で、感情的にダメージを与える。それは、受信箱をいっぱいにする単なる迷惑メールよりもはるかに有害だ。

＊ナイジェリア刑法四一九条（資金洗浄を規制する法律）に抵触する国際的詐欺犯罪の通称。ナイジェリアの公的機関や企業の関係者などを装い、先進国など豊かな国・地域の人にさまざまな手口で偽の取引をもちかける。一九八〇年代から広まり、当初は主な手段として手紙が用いられたが、その後電子メール等のネットを用いた手法が主流になる。

もっとありふれた欺瞞や隠蔽もある。ニューヨークの出会い系サイトユーザーを対象にしたある研究では、実際の身長、体重、年齢と、オンライン・プロフィールに記載された詳細を照らし合わせながら調査した。ほぼ半数が自身の身長について（半インチ以上）嘘をついており、六〇パーセントが体重について（五ポンド以上）嘘をついていた。男性は身長を誇張する傾向があり、女性は体重を控えめに言う傾向があった。自分の年齢について嘘をついていたのは比較的少数（一八パーセント）だった。だが、研究者はこれが主に若年層の実験対象者を調査していたためかもしれないと推測した。全体として、五人中四人がこれら三つの特性のうちの一つについて嘘をついていたが、大抵は真実を少し盛ったものでしかなかった。

人々が単に自己欺瞞に陥っているだけでないかを確かめるために、研究者たちは人々が自分の身長と体重をどう考えているかを調べた。その結果、ほとんどの人が真実を知っているが、オンライン上のプロフィールではそれを隠していることが判明した。しかし、より測定しにくい側面に関しては、わたしたちは自己欺瞞を行っている可能性がある。わたしたちの中で、自分の性格に関する正しい記述をどのように書くべきかを知っている人はいるだろうか？　そして、自分がパートナーに何を求めているのかを正確に知っている人なんて本当にいるのだろうか？

出会い系サイトで誰かの自己紹介を信頼するとき、わたしたちはその人の誠実さと自己知の両方を信頼している。こうした状況が示すのは、信頼がオール・オア・ナッシングであることは稀だ、という事実である。わたしたちは、より多くの交流をもったり、より多くの情報を集めたりすることを通して、信頼や不信を増大させながら、もっともらしさについて判断を下すのだ。そして、人々のもちうる動機についてわたしたちが知っていることを利用することができる。身体的外見に関する大法螺《おおぼら》は、もし対面で会うことがあればばれるだろうが、結婚しているかどうかや、する意思があるかどうかに関する嘘は明らかになるまで時間がかかる、ということを彼らが知っていることをわたしたちは知っている。

最後に、出会い系サイトは信頼することについての難題に加えて、信頼性についての難題も提示する。もちろんあなたは信頼に値するわけだが、どうやってそれを潜在的な出会いの相手に伝えることができるだろうか？　オンライン・コミュニケーションでは、あなたに関して入手可能な証拠の種類は制限され、また他の手段によるチェックがほとんどできない。対面で会ったとき、わたしたちは実際に言われたり行われたりすることと同様に、服装、態度、話し方などを評価することができる。これらのほとんどはオンラインでは利用できない。そして、こうした新しい状況では、信頼性がわたしたちに何を要求するかを判断するのが難しいことがある。すべてのメッセージに応答する必要があるのか？　プロフィールはどれくらい真実であるべきか？

オンラインでもオフラインでも、恋人募集中の人同士のとめどない軍拡競争の危険がある。少なくとも、他人が自分の状況、外見、性格の秀でた点を強調していると考えるのは合理的である。わたしは、他人を苛立たせるような自分の習慣、神経症、または気性の荒い飼い犬について、正直に言及することはないだろうし、もし言及したとしても、自分を貶めるこの振る舞いは、習慣や神経症、犬以上に相手を不快にさせるかもしれない。ある(異性愛者の)女性が、全男性の半数が身長を誇張していることを知れば、次に出会う男性が何を主張しても少し控えめに受け取るかもしれない。そして、そういうことがありそうだとその男性が知っているなら、彼は割り引かれた分を埋め合わせるためにもう少し身長を誇張するかもしれない。これは、お互いの知識が信頼と信頼性の両方を減少させかねないケースだ。

カスタマーレビュー

アマゾンからアルゴス(Argos)まで、多くの小売サイトにはカスタマーレビューが掲載されている(さまざまな出会い系サイトのオンラインレビューをチェックすることもできる)。うまく扱うことができるなら、このようなレビューが肯定的なものであれ否定的なものであれ、その存在自体がサイトの目に見える信頼性を高めることができ、また小売業者と顧客の双方にとって本当に有益なフィードバックを提供しもする。マークス&スペンサー(Marks & Spencer)には、大人の女性たち(レビュアーは年齢と性別をサイドバーで公表する)の素晴らしいコミュニティが出来上がっており、他の買い物客に対して、サイズ感、生地の柔らかさ、衣類が洗濯にどれくらい耐えうるか、日光の下でどのような色に見えるか、についての役立つアドヴァイスを提供している(これはレディース部門とキッズ部門だけでなく、女性は夫や息子を参考にして多くのメンズ服をレビューしている)。そのおかげで他の顧客――そう、わたしだ――が情報に基づいた自信のある選択を行いやすくなる。ときにはマークス&スペンサーは否定的なコメントに対して謝罪したり、説明したり、あるいはその衣類が現在は製造中止または異なる方法で製造されているという発表で応答したりすることもある。これらすべてが、ブランドの目に見える信頼性を高める。

マークス&スペンサーは自社ブランドの商品を小売しているが、アマゾンやアルゴスは何千もの異なるブランドの情報交換所《クリアリングハウス》であり、その多くが互いに直接競合している。ニコンのカメラか、それともキヤノンか? 新しい衣類乾燥機はホットポイント(Hotpoint)か、それともワールプール(Whirlpool)か? カスタマーレビューはわたしたちの意思決定に一役買っているが、小売業者のサイト上のレビューと、ネット上の他の場所で見つかる非専門家によるレビューとの間には、特に違いはない(これに対して、オーディオ、自動車、電子ガジェット専門サイト上のレビューは、オフラインの雑誌に見られるレビューにより似ている)。

カスタマーレビューを読むことで何を知ることができるだろうか？　好みや基準は人それぞれだが、肯定的レビューと否定的レビューのどちらが優勢かは無視できない。もし多くの人がホットポイントの衣類乾燥機を気に入っていて、わたしが(少なくとも衣類乾燥機に関して)独特の好みやニーズをもっていないのであれば、わたしもそれを気に入る可能性が高い。カスタマーレビューは、商品について、製造元や小売業者から得られる宣伝文よりも利害関心にとらわれない意見を約束している。

レビューが本物である場合にはそうだろう。しかしレビューは大抵の場合に偽名で投稿され、レビュアーの専門知や動機についてほとんど手がかりを与えない。アマゾンにはレビューの有用性を高めるためのいくつかの仕組みがある。読者は特定のレビューの役に立った度合いについて投票し、同じレビュアーによる他のレビューをクリックして閲覧することができる。レビュアーは役に立ったと思われた度合いに基づいてランク付けされ、「最も信頼される」レビュアーは「アマゾンヴァイン(Amazon Vine)先取りプログラム」に参加するよう招待され、無料の製品を受け取り、それらについての「誠実で偏りのない」レビューを書く。このシステムには奇妙な点がある。明らかに虚偽だが面白いレビューがしばしば役に立ったと評価されるのだ。

しかし、このシステムは多くのレビュアー評価者による意思決定を分散させることで、レビューを信頼することに伴うリスクを効果的に減少させられる(ここには後退の可能性もある。*レビュアー評価者を誰が評価するのだろうか?)。

*あることがらを正当化するために、それを正当化する根拠自体を正当化しなければならなくなること。

しかし、審査を通った投稿者によるレビューは全体のごく一部を占めるにすぎず、多くの人はすべての声を平等に重視する集約された星の数しか見ない。わたしたちは、特定のレビュアーが特定の製品を賞賛または非難するために金銭的動機やその他の動機をもっているかどうかを判断できる立場にはない。二〇一〇年には、学者のオーランドー・ファイジズが、アマゾンUK上でロシア史に関する自著を偽名で称賛し、ライヴァルの著書を批判していることが発覚した。この事件はちょっとしたスキャンダルとなった。これは特に、ファイジズが当初否定したこと、弁護士を関与させたこと、そして彼が一時的に自身の妻を非難しようとしたこと、のせいである。ファイジズのいかがわしい過剰反応は脇に置くとして、彼が匿名レビューを投稿したことのどこが間違っていたのだろうか? 他人の著書を批判することはゴシップや怒りを生むことがあるが、それは研究者の生活の正常な一部であり、大抵はファイジズが受けたレベルの非難を引き起こすことはない。さらに、ファイジズは明らかに大半の人々よりも多くのロシア史に関する専門知をもっている。問題は批判的な論調や専門知の欠如ではなく、不誠実であると見なされたことだった。

不誠実(dishonesty)とはどういうことだろうか? ファイジズはおそらく本気で(honestly 誠実に)自分の本を「美しく書かれている……わたしたち全員にとっての贈り物」と考え、ライヴァルの本を「ひどい」と考えているのであろう。そして彼は、自分ではない誰かのふりをしたわけではない――彼は自分の同僚の一人であるかのように振る舞ったり、ミハイル・ゴルバチョフであると主張したり、といった不誠実な行為をしなかった。彼の使用した偽名――「歴史家」――ですら、不完全ながらも彼を正確に表している。その代わりに、ファイジズは自分が誰であるか《アイデンティティ》を明かさなかった。そのアイデンティティが彼のレビューの評価において重要な役割を果たしたであろう。ほとんどのアマゾンのレビューアーは自分のアイデンティティを明かさないが、アイデンティティについての知識がレビューアーを信頼するかどうかという読者の意思決定に違いをもたらすのは、一部のケースでしかない。ファイジズは、レビューアーが自分の利害関係を公表し、聴衆がそのことをどれだけ重視するかを決定できるようにする、という規範に違反したのである。

ファイジズ事件はコップの中の嵐〔大袈裟な騒ぎに発展した些末な事件のこと〕だったが、虚偽のレビューは小規模なビジネスに永続的な損害を与える可能性があり、それらを信頼する読者を誤解させることがある。トリップアドバイザーは、最近訪れた人々からのホテル、レストランなどのレビューを募っている。個々のレビューは集約された星の数の下に公開され、トリップアドバイザーのページはふつうその施設のグーグル(Google)検索結果の上位にある。休暇は大きな出費であり、わたしたちは頻繁に新しい場所に旅行しており、レビューを精査することが選択に役立つ場合がある。トリップアドバイザーは「信頼できるレビュー」を提供し、「旅行者が信頼するホテル」を見つける手助けをするのだと主張しているが、それはどれぐらい信頼できるのだろうか?

一つの明白な懸念は、ファイジズのように、宿泊業者が匿名で自分の宿泊施設を賞賛し、また同業のライヴァルを批判できるということだ。トリップアドバイザーのガイドラインはこれを禁じているが、監視することは容易ではない(ガイドラインは「暴力的な犯罪活動の生々しい報告」も禁止しており、「死亡報告は個別に検討される」と述べているが、レビューはそこまで深刻な事態に当てはまらなくても損害を与える可能性がある)。二〇一一年には、「ブランド評判管理会社」であるクウィックチェックス(KwikChex)が、虚偽の否定的なレビューを受けたと信じるビジネスオーナーのグループの代理として、広告基準局に正式な苦情を申し立てた。これらのレビューには、単なる装飾や清潔さについての不満ではなく、人種差別——および人種差別主義者だという言いがかり——、窃盗、食中毒、詐欺などの告発が含まれる。

虚偽のレビューは、それを真に受ける消費者よりも、ビジネスオーナーにとって損害が大きい。消費者は、虚偽のレビューのためによいホテルを見逃す可能性が高いが、間違って悪いホテルを予約することは少ない。これは、否定的なレビューが少数派でも、それらを無視することは困難だからである(わたしも大学の講師として、自分の授業に対する学生のレビューを読む際に同じ経験をしている)。四〇の肯定的なコメントがあっても、一つの全力を込めた批判をすっかり消し去ることはできない。なぜなら、誰もが自分の休暇(そして講義)が完璧であることを望んでいるからだ。多くのよいホテルの中の一つを見逃すのは残念なことではあるが、悪いホテルを予約するよりもましだ。それはとりわけ、自分がよいホテルを見逃したことに気づく可能性は低いからだ。さらに、たった一つの悪いレビューでも、異なる潜在的な宿泊客によって読まれるたびに、同じホテルに何度も繰り返し損害を与えることができる。仮にある個別の閲覧者がさまざまなホテルについて悪意のある虚偽のレビューばかり読むなどということがあったとすれば、よほど運が悪かったに違いない。

しかし、消費者は虚偽のレビューによってもっと間接的な方法で損害を受ける。というのも、虚偽のレビューは、本物の宿泊客が書いた非常に多くの誠実なレビューを含む、サイト全体の信用を低下させるからだ。マークス＆スペンサーの麻混のワイドレッグベルトパンツでも、アルゴスの衣類乾燥機でも、アマゾンのロシア史に関する書籍でも、あるいはトリップアドバイザーのブティックホテルでも、誰もが知識に基づいた誠実なレビューを読むことから利益を得ることができる。ただし、それらと偽物とを見分けられる場合は、だ。量は質に関する一定の保証になりうる。ただし、誠実なレビュアーが継続的に投稿し、詐欺師が虚偽のレビューをそれと同じ数だけ生み出すリソースをもっていない場合は、だ。誠実なレビュアーが信頼されていないと感じる場合、このバランスは崩れるかもしれない――疑いの目で見られる可能性が高いなら、なぜわざわざレビューを投稿するのか？

第8章
制度・陰謀・国家

人間同士の豊かな信頼関係はわたしたちの生活の中心にあり、友人や家族との関係を支えている。同様に、信頼性の価値もまた、こうした関係を構築して維持する際の指針となる。信頼や依存や協力のより緩やかな絆もまた、知人や見ず知らずの人との日常的な関わりには不可欠なものである。しかし、制度や公人、社会集団全体に向けられたわたしたちの信頼――あるいは不信――という態度についてはどうだろうか？　政治制度を信頼することと政治家を信頼すること、教会を信頼することと聖職者を信頼することとの間には違いはあるのだろうか？　制度それ自体が信頼性を示すことはあり得るのだろうか？　それともその組織に属する個人のみが信頼性を示すことができるのだろうか？

専門家への信頼

調査によれば、わたしたちは、科学者よりも医師を、ジャーナリストよりもニュースキャスターを信頼し、そして「政治家一般」をもっとも信頼しないという(世論調査員自身の信頼度は中程度とのことだ)。標準的な調査の質問では、医師や科学者などが真実を語るかどうかという信頼を対象としている。この調査が測定しているのは、〔能力や誠実さそれ自体と対比して〕認識された能力ではなく、認識された誠実さである。

誠実さは、道徳的に重要な意味をもつ個人の性格的特徴である。なぜわたしたちには、個人をケース・バイ・ケースで判断するのではなく、社会的集団についてこのように包括的に道徳的な判断を下す用意があるのだろうか？ 人の性格は職業によって決まると考えるか、あるいは、職業の選択は性格によって決まると考えるのか？ おそらくその両方だろう。しかし、とりわけ専門的な能力が話題になっているとき、わたしたちが考えているのはその人の誠実さである可能性も高い。結局のところ、医師(わたしたちの八八パーセントから信頼されている)や教師(わたしたちの八一パーセントから信頼されている)から政治家(わたしたちの一四パーセントから信頼されている)になる人もいるし、ニュースキャスター(六二パーセント)がジャーナリスト(一九パーセント)であることも珍しくない。そして、裁判官(七二パーセント)と政府閣僚(一七パーセント)は街中で普通の男女(五五パーセント)に交じって歩く。信じてもらいたいのだけれど、わたしは大学教授（七四パーセント）なのだ。

　わたしたちの多くは政治家を疑っている。しかし、地元の医師が政治家であるとしても、その医師がくれる医療上のアドヴァイスにも裏表があると疑うことはない。さらに、医師の誠実さについての信用性は高いとしても、医師たちが、婚外恋愛について配偶者に対して異常に正直であるとか、子どもの学芸会について残酷なくらい誠実に批評するとか、貸別荘の破損についてわたしたちの誰よりも早く白状して弁償する、とまでは考えないだろう。医師を「一般的に」信頼するとは、医師が専門家の立場として発言するときに誠実であることを信頼するということなのである。

　「専門家としての能力」の境界線は曖昧である。主治医がわたしの健康状態について語るとき、その主治医が専門家としての立場から語っていることは明らかであり、わたしがその主治医を信頼する可能性は高い。しかし、公的な場で政治的な議論に参加し、議題となっている国のヘルスケアの構造改革案の賢明さ——あるいは愚かさ——について語る医師をどう考えるべきだろうか？　一方では、医師には多くの政治家に欠けている「信頼できる」というオーラがあるし、現在ヘルスケアがどのように機能しているかについて直に詳しく経験してもいる。他方で、専門職としての医師は現状を維持することに関心があったり、特定の「改革」を拒む理由をもっていたりする。英国医師会は一九四八年の英国国民保健サーヴィスの創設に反対した。保健大臣のナイ・ベヴァンは後に、「口に金を詰め込む」ことで医師たちの協力を買い、国民保健サーヴィスのために働きながらも個人診療を続けることを許可したと語っている。

職業を同じくする人たちは、少なくとも職業生活において、似たような制度構造の中で、そしてしばしば似たような動機とインセンティヴで、似たようなリスク、機会、期待にさらされながら働いている。医師が誠実であることを期待するのは、患者や同僚に嘘をつくことで得られるものは少ないし、失うものは大きいとわたしたちが考えているからである。しかし、私生活においては、医師はわたしたちとほぼ同じような状況にある。つまり、医師たちが私生活という領域において、通常では考えられないほど誠実(あるいは不誠実)になると考える理由はほとんどない。医師が政治的議論に介入する際にどのような動機とインセンティヴをもっているのかを理解することが難しいのは、医師の意見と政治家の意見を比較検討する方法を知ることの難しさに反映されている。

構造と動機がすべてではない。個人的な経験も専門家の誠実さについてのわたしたちの判断に影響を与える。わたしたちのほとんどは、医師に対してポジティヴな経験をしたことがあるだろうし、政治家が私生活でのごまかしを含め、明らかな嘘やごまかしが見破られた例を多く挙げることができる。しかし、わたしたちの考え方が完全にはっきりとしているわけではない。うさんくさい政府閣僚(わたしたちの一七パーセントしか信用していない)に対するわたしたちの意見は、ほとんどすべて、二枚舌のジャーナリスト(一九パーセント)が書いたり放送したりすることや、実のところ政治家(一四パーセント)同士が話すことに左右されている。もしジャーナリストに対して純粋に、そして徹底的に懐疑的であったなら、国民の生活や外交問題、身近な地域以外の生活についてのもっとも基本的な側面についてさえ、何を信じていいか分からなくなってしまうだろう。そして、ジャーナリストがいなければ、科学者が何を考え、何を信じているのかもほとんど分からなくなってしまい、科学者の誠実さに七一パーセントの評価を与えることが不可解になるだろう。ジャーナリストに対するわたしたちの信頼の欠如は、せいぜい用心深さという態度を示しただけであり、電話の盗聴やパパラッチ部隊の行動に対する深い落胆が入り混じっている。結局のところ、二〇一一年夏の『ニュース・オブ・ザ・ワールド』の崩壊は、『ガーディアン』紙のジャーナリスト、ニック・デイヴィスらによって引き起こされたのだ。[*] ここでもまた認識された動機とインセンティヴが重要となる。「悪い行動」に対する罰則があるとすれば、それはどのようなものなのか？ そして、不正に得られた記事にはどのような報いがあるのだろうか？

＊イギリスのタブロイド紙『ニュース・オブ・ザ・ワールド』は、盗聴などを行っていたことを大手新聞『ガーディアン』によって報じられたため、二〇一一年七月に廃刊に追い込まれた。

医師、教師、大学教授、裁判官など、専門的な知識を必要とする職業が高い信頼を得ているのに対して、最下位を占めるのは、労働組合の役員、ビジネスリーダー、ジャーナリスト、政治家である。こういった職業は、成功するためにはスキルとエネルギーが必要だとされているが、何年もの研究や事実に関する知識の積み重ねは必要ないと思われている職業であることは注目に値する。わたしたちは、その能力や専門性を直接判断することはできないような専門家の誠実さを信頼する。わたしは膝の異常については医師の言葉を信じなければならないが、文法学校〔イギリスの伝統的な中等教育機関〕についての国会議員の見解には遠慮なく反対する。

繰り返しになるが、このことは、わたしたちが特定の専門家の誠実さを信じるのは、専門家を取り巻く制度的構造、動機、リスクに対するわたしたちの信用に基づいていることを示唆している。なぜなら、わたしたちの信用は医師や他の専門家が語ることが真実かどうかを独自にチェックすることには基づいていないからだ。わたしたちが、特定の専門家の誠実さと能力の両方を――彼ら・彼女らの職業生活において――信頼するのは、専門家たちが組み込まれている資格、免許、監視のシステムのためである。こうした制度をもたない職業について同様の信用をもつことは困難であり、そのような場合は、個々人についてケース・バイ・ケースで判断しなければならないのである。

組織への信頼

特定の専門職に対するわたしたちの信頼は、その専門の職務を遂行する個々のメンバーに対する信頼である。しかし、組織の中には、そのメンバーの生を超えた独自の生をもち、その構成員の総和よりも大きな存在に見えるものもある。そのため、組織自体に対する信頼について疑問に思うかもしれない。BBCは信頼できるだろうか？　国民保健サーヴィスは？　NASAは？　大企業、銀行、法制度、メディア、「政治」など、より緩やかな集団や組織についてはどうだろうか？　個々の企業や政府、国家についても同じ質問をすることができる。

団体や組織が異なれば、その一貫性や共通の目的の程度も大きく異なってくる。こうした存在に対する基本的な問題の一つは、よくも悪くも、団体や組織の行動がどの程度予測できるのかというものだ。しかし、予測可能であることが常によいこととは限らない——個人や組織が予測どおりに悪い行動に出ることがありうるし、驚きがわたしたちの退屈なルーティンを吹き飛ばしてくれるような芸術団体やシンクタンク、広告代理店では、予測不可能であることが本質的に価値をもつこともありうる。わたしたちは組織が予測不可能であることに頼ることもある。しかし、いずれにせよ、信頼は単なる予測を超えたものでなくてはならない。

人間同士の豊かな信頼はコミットメントと結びついている。人を信頼するとは、その人がコミットメントを守って果たすということを信頼することでもある。信頼に値することには、少なくとも新しいコミットメントを結ぶ際には慎重になることによって、自分の行動をコミットメントに合わせることが含まれている。信頼関係を依存というありふれた関係から区別するのはコミットメントである。わたしは目覚まし時計に頼って起こしてもらったり、鍵でドアを開けたりするが、こうしたことをコミットメントや義務や約束といった観点では考えない。よって、これは信頼ではなく、依存だと捉えられている。人間に対する豊かな信頼には道徳的な含みがある。信頼に値するようになること、約束を守ることはよいことだが、信頼に値しないと分かった人やコミットメントを守らない人を非難する権利がわたしたちにはあるのだ。

組織や団体がコミットメントや約束を果たすことはできるだろうか？　多くの場合においては可能である。企業は法的な契約を結ぶが、それは契約時にたまたま責任者だった個人間の個人的な合意ではない。国家は他の国家と条約を締結するが、これらの取り決めは、交渉して署名した個々の指導者よりも長く存続する。さらに広く言うと、組織の多くは、目標とガイドラインを定めた憲章、設立趣意書、規約を設けている。

たとえば、ＢＢＣには、公共の目的、統治体制、権限を定めた憲章（および協定、規約、方針、規範、ガイダンス）がある。目的には、市民権の維持、教育の促進、創造性の刺激、「英国を世界に、世界を英国に」などが含まれている。ＢＢＣがこれらの目的をきちんと果たしているかどうかを判断する際に、信頼や不信の観点で考えることは適切だろう。これらの点で優れているほど、より信頼に値するようになるのだ。こうした点で失敗したとすれば、単に目覚まし時計が壊れているとか鍵がすり減っているといった頼りにならないことだけではなく、信頼に値する度合いの低さを示すことになる。

この種の信頼――そして信頼性――には、誠実さと能力の両方が含まれている。わたしたちは組織がコミットメントに従い、義務を遂行することを信頼するとき、組織がそのために誠実に努力をすることと、成功する能力をもつことの両方を信頼しているのである。個人の場合と同様に、誠実さも能力もそれだけでは信頼に値するためには十分ではない。〔誠実だが能力を欠いた例として〕善意はあっても機能不全に陥っている組織は信頼できないし、〔能力はあるが誠実さを欠いた例として〕本当の目標や行動を偽っている高度に効率的な集団も信頼できない。そして、個人の場合と同様に、信頼を裏切った組織や団体を非難し、コミットメントを果たしてくれる組織や団体を高く評価することは理に適ったことだと思われる。

組織、企業、団体が個々のメンバーや従業員の態度の総和以上のものであるとするなら、組織も企業も団体も本当に善意や悪意をもつことができるのだろうか? 制度上の人種差別という概念には、組織は、その組織に関わる多くの、あるいはほとんどの人々によって明確には支持されていない価値観と態度を体現できるという考えが反映されている。同様に、組織には手続き、方針、構造があり、それらは組織のコミットメントを適切に考慮していることもあれば、公言された目標や目的に沿うことができないこともある。こうした手続きや方針は、従業員やメンバーの集団よりも長く存続し、新しく入ってくる人々の行動や態度に影響を与えることができるのである。

「システム」を信頼すること

組織や企業や団体の中には、十分な構造と共有された目的をもつものがある。わたしたちはそうした組織をコミットメント、意図、能力をそなえた準人格的なもので、場合によっては、信頼を得たり不信感をもったりすることもできるものと容易に見なすことができる。しかし、政治(特定の政治家や政党ではなく)、財閥(個々のビジネスリーダーや特定の企業ではなく)、法制度、メディアなど、より不定形な存在への信頼や不信について語ることもある。こうしたシステムに信頼や不信を感じることは意味があるのだろうか？　あるいは、機械や自然現象についてそうするように、単に信用できる・できないといった観点から考えるべきなのだろうか？

この問いには明確な答えはないが、いくつかの論点を区別することはできる。問題となっているシステムは、意図された機能を実行し、主な目的を果たしているだろうか？　たとえば、法制度の全体的な目的は、法の下ですべての人間を公平に扱うことを保証することである。全体としてこの目的が達成されていると考えられるのであれば、法制度は信頼できる。そうでないと思うのであれば、不信感をもつべきである。おそらく、メディアの全体的な目的は、情報や意見の自由な流れを確保することである。この目的が達成されていると考えられる限りにおいて、メディア全体を信頼することは理に適っている(個々のジャーナリストや個々の新聞社やテレビ局が信頼できるかどうかについてはさらに細かい質問をすることができるし、場合によって異なる答えを与えることができる)。

これは理想主義的に聞こえるかもしれない。法制度の本当の目的は、労働者階級を暴力的に弾圧することなく、裕福なエリートの手に権力を残すことにあるのではないかと疑う人もいるだろう。メディアの本当の目的は、メディア経営者が金儲けをして、選挙で選ばれた政治家に不釣り合いな影響力を行使できるようにすることだと疑う人もいるだろう。そして、こうした目的に照らし合わせてみると、法制度もメディアも大きな成功を収めていると信じる人もいるだろう。だからといってこれらの制度を信頼しているということになるだろうか？　そうではない。もしあなたが正しく、これこそが法制度やメディアの本当の目的だとするなら、これらの制度の本当の目的と大衆に向けた自己表象に体現された崇高な理想との間にミスマッチがあるため、不信感を抱く権利がある。金儲けや政治家に不当な影響力を行使することが主な目的であると明言する新聞社はない。中央刑事裁判所のドアに刻まれているモットーは、「金持ちを守り、貧乏人を潰せ」ではなく、「貧しい者の子どもらを守り、悪者を罰せよ」である。

これは、マフィアのような、非構成員の利益になるような素振りをほとんど見せないあからさまな犯罪組織とは対照的である。このような組織の恐ろしい行為や影響力に憤慨するのは正しいことだが、そういった組織に失望したり裏切られたと感じることは奇妙なことである。わたしたちは他に何を期待していたのだろうか？　対照的に、法制度が何よりも金持ちを保護して貧乏人を潰すことに尽くしているのだとしたら、わたしたちは法制度に裏切られたことになる。

互いをよく知る二人の個人の間で成立する典型的な信頼関係からかなり遠いところに来てしまった。二人の個人という文脈で展開された概念やアイデアを、構造化された組織だけではなく、社会制度全体にまで拡張させようとしているのだから、こじつけではないかと思われても不思議ではない。より個々のケースで言えば、信頼に関する問題を、個人や組織が信頼に値するとはどういうことかという、信頼に値することに関する問題に変換することができた。そして、コミットメントを果たすということが信頼に値することの中心的要素であることが分かってきた。しかし、制度が拡散して分散化するほど、その中心的要素をコミットメントの発生と充足として理解することがさらに難しくなり、したがって、信頼に値するとか値しないといった言葉を適用させることも難しくなってきた。

最後の厄介な問題は、「メディア」や「政治」のような制度には、当然ながら個々のジャーナリスト、経営者、政治家、ロビイストなどが所属しており、この人たちは、誠実だろうが不誠実だろうが、主張を行い、果たされるとしても果たされないとしても、コミットメントを負っているということだ。ある個人について、あらゆる点において、そして、同じ程度で、誠実さと能力の両方に関して完全に信頼したり不信を感じたりすることはきわめて稀なことである。むしろ、信頼や不信の態度は調整されるものだ(医師に対する信頼を思い出してもらいたい。それは私生活と職業生活のさまざまな部分において変化する可能性がある)。制度に対する態度についても、わたしたちは同様の繊細さと調整力を身につける必要があるのだ。

陰謀論

陰謀、そして陰謀論は、個人に対する信頼と組織や集団に対する信頼の双方に関していくつかの特別な問題を提起する。陰謀をたくらむ者たちは、互いにある程度の信頼を必要とするが、利害が大きい場合、陰謀が発覚するリスクがあるため、こうした信頼を得ることは難しいだろう。そして、陰謀論を信じることは、従来の世界像についての根本的な不信感に加えて、政府や秘密組織が公共の情報の流れをコントロールする能力をもっていることに対する高い自信を必要とする。

陰謀とは何か？　陰謀とは、あるネガティヴな目標を達成するために、複数の人間が関与する秘密の計画や行動である。結局のところ、「陰謀」は軽蔑的な言葉であり、おそらく、そのような集団に関与して、自分たちの目標の価値を信じている人々は、自分たちを陰謀を企てる者だとは考えないだろう(「conspire(陰謀をたくらむ)」はいわば不規則動詞である。つまり、わたしたちは地下活動に関与している、あなたは陰謀をたくらんでいる、彼らは陰謀を企てている、という意味である）。そのような集団の中では、メンバー同士が互いの誠実さを信頼し、グループ内で果たす役割について互いの能力を信頼する必要がある。しかし、メンバーはまた、外の世界に対しては不誠実であること、あるいは秘密主義であることを互いに信頼しなくてはならない。ここでもまた、信頼と信頼に値することはゼロか百かではないことが分かる。人は、ある点では信頼に値するとしても、あらゆる点においてあらゆる人に信頼に値すると思われるとは限らない。実際、ある点（秘密を守ること）で信頼に値することが、別の点で信頼に値しないこと（外の世界に嘘をつくこと）を積極的に要求することもある。

では、陰謀論とは何か？　陰謀論とは、陰謀があることを示唆するあらゆるものを指すという、比較的広範な定義を採用することもできるだろう。この定義によると、陰謀論の中には正しく、それゆえに信じることが理に適っているようなものもある。ウォーターゲート事件やイラン・コントラ事件はこの文脈でよく引き合いに出されるが、突然のクーデタや暗殺（「単独犯」を除く）に関する正確な記述もまた陰謀の基準を満たすだろう。

より焦点を絞った定義では、大まかに言って、陰謀は大規模な成功を収めていることが必要である。つまり、陰謀は、目標を達成し、しかも、その目標をもたらした真の役割を明らかにすることなく、それを成し遂げるのである。ＪＦＫ〔ジョン・Ｆ・ケネディ〕暗殺事件は現代においてもっとも陰謀論が語られた事件だろう。一説によれば、マフィアがＣＩＡやＦＢＩやキューバ（お好きなものをどうぞ）と結託して暗殺の背後にいたとされている。この陰謀論を陰謀論たらしめている一つの要因は、暗殺の背後にいる勢力がその役割が明るみに出ることを防ぐのに成功したという見方である（ただし、二〇〇四年のフォックスニュースの世論調査によれば、暗殺に関する事実のすべてを知っていると考えるアメリカ人はわずか一四パーセントで、単独犯による犯行だと考えている人は二五パーセントに過ぎない）。

さらに狭い定義を採用することもできる。この定義によれば、陰謀論は非合理的で、狂気である。これは陰謀論に対する一般的なイメージに合うだろうし、しばしば人が陰謀論者であることを自認したがらないことの理由の説明にもなる。しかし、陰謀論が狂気であることを定義に組み込んでしまうと、何を信じるべきか、誰を信頼することが理に適っているか、どの陰謀論が正しいのか、といった興味深い問いを立てることが難しくなってしまう。また、それは、「エルヴィスは生きている！」というような純粋な憶測と、一度調べ始めるとそれほど狂気だとは思えないような理論（読者はここに自分自身の事例をあてはめてよい）との区別を曖昧にしてしまう。そこで、陰謀論とは、成功した陰謀で、その主目的を達成し、その本当の姿を隠し続けているものであるという考え方を含む、というそれほど決めつけない定義を用いることにしよう。

どんな複雑な考えもそうだが、陰謀論を信じるかどうかを決定するには、さまざまな方向を指し示す証拠のバランスを取り、さまざまな情報源を天秤にかけることが必要である。わたしたちは誰を、何を信頼することができるのか？　これを決めるための普遍的で機械的な戦略は存在しない。そのために、法廷や科学、政治、宗教において、またはより日常的なことがらについて、合理的な人々の間で何を信じるべきかで意見が一致しないことがありうるのだ。決心をするということには、自分が好む見解を裏付ける証拠を認識することが含まれる。しかし、このことには、反対の方向を指示する証拠や情報源を説明することも含まれている。つまり、被告人が無実ならば、なぜ現場で被告人の指紋が発見されたのか？　サリーがベジタリアンなら、なぜステーキハウスで彼女と出くわしたのか？　対抗する証拠のすべての側面を常に説明できるとは限らないが、わたしたちが合理的であろうとするならば、そう努力する義務がある。

陰謀論ではこの義務を果たすことがきわめて簡単であるように思われる。このような理論は自己断絶的性質をもっている。なぜなら、こうした理論は一見すると問題含みの証拠について出来合いの説明を提供するからだ。もちろん、陰謀などなかったかのように見える。つまり、それはとてもうまくいった陰謀だったのだ。もちろん、ウォーレン委員会は、リー・ハーヴェイ・オズワルドが単独犯であることを突き止めた。つまり、マフィアやFBIやCIAは効果的に痕跡を隠し、(元CIA長官を含む)委員会に影響を与えたのだ。もちろん、アポロ11号の宇宙飛行士たちは、自分たちは本当に月に着陸したと主張し続ける。そうではないと認めてしまうと、自分たちの英雄としての地位が失われてしまうし、どんな報復を受けるか分からないというリスクを冒すことになるからだ。

哲学者のブライアン・キーリーが指摘するように、陰謀論者は、彼自身を(場合によっては彼女自身を)、調査を積極的に妨げようとする対象を調査していると見なしており、このことは明白な証拠に対して懐疑的なアプローチを取ることを正当化するように思われる。この観点からすれば、わたしたちは、データや情報源に対して不信の目でもってアプローチするべきである。そして、いったんこのような態度を取り始めると、わたしたちの考えをより信頼できる見解に変える証拠を探すことが困難になる。より一般的には、他人が言うことについて不信感を抱くことが標準の態度とすると、その人が頼りになるかどうかについての独立した証拠を集めることがまずできなくなってしまう。

この不信は、隠蔽という考え方によって、能力のなさよりもむしろ不誠実さに焦点をあてる。実際、陰謀論は、陰謀に関与しているとされる人たちの権力に対するかなりの程度の敬意を必要とする。ＪＦＫ陰謀論に関与している組織が、強力で実行力をもつことがすでに分かっている組織であることは驚くことではない。地元のドミノクラブがＪＦＫ暗殺の隠蔽を指揮したとして非難することは、ドミノクラブと、より巨大で強力な組織との間の複雑な関係を想定しない限り、ありそうなことではないだろう。単独犯や少数の陰謀者グループでも暗殺は実行できるが、大規模な隠蔽には権力が必要である。

暗殺、月面着陸の偽装、エルヴィスの誘拐がいかにして達成されたのかを語る上で、関与したグループの権力や能力は要素の一つではあるが、おそらくそれ以上に重要なことは、隠蔽工作がどのように実行されて現在まで続いているかを語るには権力や能力は不可欠な要素だということだ。実際、多くの場合、隠蔽工作はより困難な作業であり、それゆえに、陰謀論の弱点であるようにも見える。月面着陸の偽装に関与しなければならない膨大な人の数を考えると、それらの人たち全員が沈黙を強いられるということはどれほどあり得ることだろうか？

誰かを信頼するかどうかの判断には、その人の動機、性格、直面している外的インセンティヴについての判断が含まれている。通常、陰謀論には関係者の悪意や利己的な動機に関する話が含まれる。しかし、それを認めるとしても、隠蔽工作のコストとリスクを天秤にかけなければならない――もしこれらの組織が強力で冷酷ならば、なぜわざわざ秘密の手段で目的を達成するのだろうか？ 陰謀論を組み立てるためには、推論だけではびくともしない全体的な不信の態度が必要なのである。

国際関係における信頼

国際関係論の研究は、紛争がどのようにして始まり、終わるのか、条約交渉はどのように行われるのか、国際機関はどのように機能するのか、国家はさまざまな文脈でどのように相互に作用するのか、などが中心的なテーマとなることが多い。信頼――や不信――は、相互作用についての一般的なモデルの一部として、あるいは、特定のケーススタディに適用されるものとして、こうした現象を説明する上で重要な役割を果たすことがある。なぜ冷戦は起こり、最終的に熱い戦争に至ることなく解決したのか？　なぜ西ヨーロッパ諸国は、一九四〇年代の総力戦から、経済的・政治的協力の度合いを高め続ける状態へと比較的早く移行することができたのか？　いかにして民族間の対立は拡大し、そして、抑えることができるのか？

信頼関係や不信関係は、国家間、個々の指導者や交渉人の間、そして、NGO、多国籍企業、テロリスト集団、宗教的・民族的集団など、国家の枠を超えた「非国家主体」の間についても存在するものと考えることができる。そして、信頼や不信は異なるカテゴリーに属するメンバーの間にも存在する。たとえば、外交官や大統領は民族グループ全体に対して不信感をもっているかもしれないし、よその国家を信頼しているかもしれない。その一方で、赤十字国際委員会や国際赤十字・赤新月社連盟といったNGOは、国家からも個人からも信頼されている。このように、信頼する側や不信を抱く側、信頼される側や不信を抱かれる側の範囲がきわめて広いため、国際関係における信頼について考えるもっとも実りある方法とは何かについては、大きな意見の相違がある。つまり、他の分野や学問で見てきたさまざまなアプローチの多くがこの領域に適用されているのである。

あるアプローチは、主に、計算されたリスクについての考え方と、他の国家、非国家主体、個人が何をするかという予測に基づいている。この考え方では、信頼するということは、相手のインセンティヴや利害に基づいて、相手が何をするだろうかを判断することであり、ある程度の弱いリスクを取ることは価値があると決断することである。経済学者の「信頼ゲーム」ではこのような信頼が問題とされる。ゲームの参加者は、最初に一定の金額のお金を与えられるが、より多くのリターンを得ることを期待して、それを保持するか、ゲームの相手との「投資」に賭けるかをするのである。

別のアプローチは、より感情的、あるいは道徳的なもので、相手が正しいことをする、あるいは、善意に基づいて行動するという相対的な楽観としての信頼に焦点を当てている。この種の信頼は、英米間の「特別な関係」について希望的観測を語るイギリスの政治家や外交官が想定している信頼に近い。これは、単に国際舞台でたまたま目下の利害が一致した国家間の政略結婚ではなく、文化的な親近感と共有された価値観を伴う、二つの国家間の長期にわたる友情の上に構築された関係であるはずだ。実際、「特別な関係」に期待されているものは、明らかにアメリカの国益には適わない場合であっても、アメリカはイギリスを助けるということである(これが逆方向に働いた例を思い浮かべる方がより簡単ではあるが)。

信頼に関するこのような異なる考え方は、それぞれに課せられている制約について互いに認識しているという単純な理由で、国家が協力し、互いの行動を予測できるような状況において、異なる判断を下すことになる。冷戦中、アメリカとソ連はそれぞれが第二撃能力をもっていると考える十分な理由があった。つまり、それぞれの国が、核攻撃に対して、壊滅的な核攻撃を仕掛けることで応答することができるということである。侵略国が一撃で標的の核能力を破壊することは不可能だろう。相互確証破壊(MAD)のドクトリン〔報復として自国も核攻撃を受けることを承知しながら核攻撃できる国家は存在しない、という核抑止力についての概念〕は、両国ともに存続と繁栄を望んでいるというきわめて無難な前提に立ち、両国の行動に公的な制約を課した。このことは、それぞれの国の行動がさまざまな点で予測可能になるということを意味している(この状況を、単一の圧倒的な権力が存在する状況や、非常に狂っているか機能不全に陥っているために自国の存続を優先することが想定できないような国家と比較してみよ)。

これは信頼の状況なのだろうか? 主に計算されたリスクと予測という観点から考えると、そうである。超大国は互いの弱みや強み、利害をよく把握して、それに基づいて、十分な情報を得た上での決断ができる。しかし、主に親密な関係、善意、感情、道徳という観点から考えると、そうではない。それぞれの超大国は、まったく異なる価値観とイデオロギーをもっており、両者の間に失われた愛はないことをはっきりと自覚している。どちらの超大国も、相手国が人間的な優しさや善意や正しいことをしたいという気持ちから自制しているとは考えていないのだ。

ほとんどの場合、信頼についてのさまざまな考え方がさまざまな状況で役に立つことが分かる。冷戦時代には、ある種の信頼が簡単に得られたが、別の種類の信頼を入手するのはかなり難しかった。これらのうち一つだけが真の信頼であると主張する特別な理由はない。なぜなら、どちらの考え方も重要な役割を果たしているからである。しかし重要なことは、ここには複数の考え方があるということを認識して、ある種類の信頼に関する直観や研究が他の種類の信頼についても適用できると誤って思い込んでしまうことに特に注意する必要があるということだ。

たとえば、社会心理学者は、人々が互いに信頼して協力しようとする意欲の違いを研究し、この意欲は人によって、そして状況によって変化する可能性があることに気づいた。このような知見を国際関係に応用することはできるだろうか？　この問題を探究することで得られることはたくさんあるだろうが、ある学問分野で研究されている「信頼」が、別の学問分野にとって興味深い「信頼」であることに注意する必要がある。また、個人間で働いている信頼と協力の態度を、人々と国家の間、あるいは国家同士の間にまで拡大することには慎重であるべきだ。国家は企業と同じように準人格として扱われることが多いが、この類推には限界があるのだ。

最後に、国際関係における信頼は、誠実さ、能力、またはその両方に関係する場合がある。ある国家が条約上の義務を遵守することを信頼できるかどうかは、その国家が条約を遵守する意図をもつかどうか、あるいはもっていたかどうかによって決まる。しかしまた、遵守を可能にする物的資源あるいはその他の資源があるかどうかによっても左右される。弱い指導者は、約束を果たすために必要な政治的資本をもっていなければ信頼されず、破綻した国家は協定をむすぶことができないため、信頼や不信の対象とすらなり得ないのである。

結論 信頼に値すること（信頼性）の重要性

結局のところ、最も重要なのは信頼なのか、それとも信頼に値すること（信頼性 trustworthiness）なのか。信頼することは、それが信頼に値することと合致したりそれを生じさせたりするのであれば正しいことだが、信頼に値しないものを信頼することは、裏切り、失望、搾取の元となる。また、本来は信頼に値しない相手ではないとしても、その利害やコミットメントを誤解すると、信頼が誤って働くこともある。もしわたしがあなたの希望を知らず、気にもかけず、あなたを助けられない、あるいは助けるつもりはないとはっきり言おうとしていたなら、あなたがわたしを信頼するのは間違いだが、わたし自身が信頼に値しないということを証明したことにはならないだろう。役に立たず、不親切かもしれないが、おそらく欺瞞的でもなく、無能でもなく、信頼に値しないわけでもない。このような状況では、あなたはわたしを信頼すべきでも不信を抱くべきでもない。わたしがあなたを助けないことは予測できるが、それを信頼の裏切りと考える必要はないのだ。

信頼性はそれ自体価値があるのか？　それとも、それは他者からの信頼を得る場合のみ価値があるのか？　わたしたちは本書でさまざまな異なった種類の信頼性に出会ったが、それ自体が価値をもつのはそのうちのいくつかにすぎない。たとえば、経済学者たちが研究する「信頼ゲーム」では、信頼性は誰かからの一方的な贈り物の一部をお返しする意欲に相当する(思い出してほしい。第一プレーヤーはいくらかの現金を渡すことを選ぶことができ、実験者はそれを三倍にする。第二プレーヤーは、もし返すのであれば、どれだけの金額を第一プレーヤーに返すかを選ぶ)。第二プレーヤーには現金を返す外部からの義務はなく(返さないことで第一プレーヤーが飢えたり家を失ったりはしない)、二人のプレーヤー間に事前の合意は一切ない。さらに第二プレーヤーの決定は、実験者が利用できる合計金額に影響を与えない。したがって、この文脈で信頼性に価値があるのは、将来のゲームの進行を円滑に進め、第一プレーヤーがさらなる賭けに出ることを奨励し、実験者がより多くの現金を投入できるようにする場合だけである。ゲームの構造によって、第二プレーヤーに利益をもたらす場合もあればそうでない場合もある。

そのような将来の協力と追加された現金は、少なくともゲームがモデル化しようとしている実際の状況において、それ自体大きな価値があるかもしれない。この種の協力によって促進できる重要な目標がある場合、その目標はこの種の信頼性の度合いが増す根拠を与える。だが、それはすべて目標の本性に左右される。もし、二社の間で、顧客から金を巻き上げるための協力関係が構築されているのであれば、あるいは、テロ組織とならず者国家の間で暴力的な目的のもとで互いの利益を促進するための協力関係が構築されているのであれば、わたしたちはそういった協力は奨励すべきものではなく、崩壊させるべきものだと捉えるだろう。

他の、より豊かな形の信頼性は、それ自体で価値があるように思われる。たとえば、誠実さは、他の目標を促進する限り有用であるだけでなく、それ自体価値のあるものである。だからといって、誠実さが常に最重要視され、他の目標があっても犠牲にはできない価値があるとは言わない。結局のところ、殺人犯がドアを開けて友人を訪ねてきたとき、あなたは彼の居場所について嘘をつくことができるし、つくべきなのだ。しかし、他の目標のために誠実さをあきらめることは、常にある種の犠牲であり、後悔を伴うものである。あるいは、そうであるべきだ。

より一般的に言えば、わたしたちがコミットメントを果たすという実践、つまり、引き受けたことについて熟考するだけではなく、それを確実にやり遂げることは、本質的な価値をもつ信頼性の一種である。同じことは、発言したことへの責任(コミットメント)をもって生き、話題について熟考し、誠実であり、自分自身を実際以上に知識豊富であるかのように見せかけないことにもあてはまる。しかし、この種の信頼性はまた、特に自分にも他の人にもそのコミットメントが価値あるものである場合、計り知れない実践的価値をもつことがある。

このような信頼性は信頼を引き寄せる場合、実践的価値をもつ。信頼されることは、追求する意味のあるあらゆる種類の前提条件であり、他の人があなたの言うことを信頼しなかったり、あなたがコミットメントをやり遂げることを信頼しなかったりする状況では、多くのやりがいを得ることは難しい。信頼性のおかげで、あなたは他の人から信頼されるに値するようになり、それを効果的に示すことができれば、信頼は後からついてくる。

信頼性は個別のケースごとに示すことはできない。あるいは最も重要なケースでもできない。信頼は、信頼される側が信頼に値することを直接示すことができない状況において最も価値があり、最も危険なものとなりうる。わたしが自分の誠実さをあなたに直接証明できるのは、わたしの証言を裏付ける独立した情報源をあなたがもつ場合だけだ。しかし、あなたが独立した情報源をもつのであれば、あなたがわたしを信頼するかどうかはそれほど重要ではない。あなたが許してくれるなら、わたしは自分のスキルと知識を証明できるが、多くの場合、最初から信頼されていなければ、このような機会を与えてもらうことはできないだろう。

だからこそ一貫性が重要なのだ。わたしたちは互いの信頼性を部分的には実績で判断する。しかし、このような過去から現在、そして未来への帰納的な推論は、たどるべき真のパターンがある場合にのみ妥当となる。もしわたしがコミットメントを果たさないでたらめな人であったり、たまにでたらめに嘘をついたりするような(約束を守ろうと努力することもあれば、はぐらかすこともある)人であれば、わたしが信頼に値する行動をとるケースをいくつも見た後でも、わたしに対する確信や信頼を築くことはできないだろう。

社会心理学者によると、わたしたちは「対応バイアス」、つまり「根本的な帰属の誤り」に陥りやすい。これは、人々の行動がその人自身の性格的特徴や内在的性向に起因する度合いを過大評価する一方、人々の行動がその人の置かれている状況の偶発的な特徴に起因する度合いを過小評価する傾向のことである。路上で怒鳴り合っているカップルを見かけたら、あなたはこの二人が短気で不安定な人たちなのだろうと考えるだろう。それとも二人は人生を変えるような危機に見舞われていると考えることはできるか？　店長がアシスタントたちの仕事を効率的に指示している場合、あなたはそれを彼女の性格的な独断と見るだろうか、それとも彼女の仕事に必要なことの一部と見るか？

人々が一見して信頼に値する行動をとり、誠実に話し、約束を守るのを見たとき、わたしたちはその人々が基本的に信頼に値する人々であると結論づける可能性が高い。逆に、人を欺いたり、コミットメントをやり遂げなかったりするのを目の当たりにすると、わたしたちはそれを性格的な欠陥、つまり信頼に値しないせいだと考えてしまう。このことから、信頼を引き寄せるときは信頼に値するということになり、疑いを引き寄せるときは信頼に値しないという長期的な実践的影響が生じる。

個人と同様、もし信頼できる制度でありたいと望むのであれば(そしてそれはしばしばそうであるが)、このような豊かな意味での信頼性について考える必要がある。つまり、やむをえず引き受けたコミットメントを果たすことと、同時に新たなコミットメントを引き受けることについて反省的であることによって、その制度が負うコミットメントを果たす意欲と能力を育み、示す必要がある。信頼に値する制度であることを示す一つの側面には、一定の期間内にできないこと、あるいはしないだろうことを公言することが含まれる。過剰な約束は、悪意や無能と同じくらい簡単に、信頼に値しない行動につながる可能性がある。

信頼に値することの重要性は、人生の多くの段階で中心的な役割を果たしている。つまり、万人に対する公平性と機会を配慮するのであれば、すべての人が信頼性を育み、示す機会を確保することに配慮すべきである。コミットメントを引き受けること、そしてそれを果たすことは、大きな個人的犠牲を伴う。そしてこのコストは、すでに物質的・社会的・情報的資本が比較的少ない人々にとって、特に高くなる可能性がある。後払いの請求書を支払う余裕があれば、税金について誠実であることが容易になる。頼れる交通機関を利用できれば、約束の時間どおりに出向くことが容易になる。そして、助言を求める友人やすぐに情報が得られるのであれば、契約書に署名したり、申し出を受け入れたり、責任を負うことの影響を理解することが容易になる。

対応バイアスは、わたしたちがよくも悪くも自分たちの状況に影響される度合いを過小評価していることを意味する。だから、困難な状況にあることの影響は倍増する可能性があるのだ。

あなたが困難な状況にある場合、コミットメントを果たすことがより難しくなるかもしれないし、他人があなたの困難を認識することも難しくなるだろう。むしろ、単にあなたを無神経で信頼に値しない人間だと見なしてしまうかもしれない。信頼に値するかどうかの判断は慎重に行わなければならないのだ。

監訳者による解説

稲岡大志
杉本俊介

本書は、Katherine Hawley, *Trust: A Very Short Introduction*, Oxford: Oxford University Press, 2012 の全訳である。以下、著者の略歴と本書全体の特徴を述べ、ホーリーの信頼研究についての解説を行う。また、第7章については、最新(二〇二四年十月現在)の話題を追加する。

信頼と不信、空気のような存在を問う

著者キャサリン・ホーリーはイギリスの哲学者で、専門は信頼の哲学、形而上学、認識論、科学哲学と多岐にわたっている。一九七一年、イギリスのストーク・オン・トレントで生まれ、オックスフォード大学で物理学と哲学を学び、学士号を取得した。しばらくフランスに滞在した後、ケンブリッジ大学科学史・科学哲学科でピーター・リプトン指導のもと修士号と博士号を取得している。同大学ニューナム・カレッジのヘンリー・シジウィック研究員として、政治哲学、クリティカルシ

ンキング、認識論、形式論理学、形而上学など、さまざまな科目を教えたのち、一九九九年にセント・アンドリュース大学の講師となる(のちに教授)。

私生活では同大学古典学部教員のジョン・ヘスクと結婚し二児をもうける。*The Philosophical Quarterly* の編集長や *British Journal for the Philosophy of Science* の編集委員などを務めた。信頼に関する代表的な著作として *How To Be Trustworthy*(Oxford University Press, 2019)がある。また形而上学に関する著作として、*How Things Persist*(Oxford University Press, 2001)もある。旺盛な研究活動を続け、さらなる成果を期待されていたが、残念なことに二〇二一年に他界している。

本書の特徴は話題が多岐にわたることである。第1章と第2章は信頼と信頼性の区別、信頼と依拠の区別、信頼の対象は何か、不信が単に信頼の欠如でないこと、など信頼に関する基礎的な説明を行い、特に、著者ホーリー自身の「コミットメント説」と呼ばれる立場を紹介している。第3章は進化論的観点から信頼が探求され、第4章では経済学での「信頼ゲーム」に基づいた議論が展開される。第5章は信頼や不信に関連する概念である「誠実」について、アメリカのテレビドラマシリーズや嘘発見器が登場し、ヒュームやリードといった過去の哲学者の議論も参照されている。第6章では「知識」に焦点があてられ、科学に対する信頼の複雑さが、第7章はインターネット上で信頼関係を構築することの難しさが論じられている。原書の刊行は二〇一二年で、登場する例もやや古いが、出会い系サイトに関する考察は現在多くのユーザーをもつマッチングアプリについても当てはまるのではないだろうか。第8章では専門家への信頼や、個人間の信頼を超えて組織や制度への信頼、国家間の信頼が議論される。

各章は独立に読むことができるが、第1章と第2章では、信頼の哲学に関する基本的な枠組みが提示されている。第3章では進化論、第4章では経済学の観点から信頼と不信が論じられる。この二つの章では、信頼のルーツと信頼がもつ合理性が扱われている。第5章と第6章とでは、善意、意図、誠実、能力といった信頼に関連する概念が論じられ、第7章と第8章では、インターネット、制度や国家など、現代社会ならではの話題が取り上げられている。このように二章ごとに、信頼の哲学の理論的な基盤、信頼概念のルーツと合理性、諸側面、適用範囲の拡大と、緩やかなまとまりをもちながら話題がつながり、全体として現代社会に生きるわたしたちにとっての信頼と不信を問う、という構成になっている。

信頼は現代社会の基盤であるが、他方で不信もまた現代社会の問題点を改善するために必要となる。にもかかわらず、信頼や不信は空気のようなもの、いわば透明な存在であり、それゆえに、思考の対象となることは難しかった。しかし、そういった空気のような、当たり前のように思われていることを問うのが哲学である。本書は信頼と不信を哲学的観点から考察するもので、登場する具体例も多様である。つまり、本書はたいへん読みやすく、しかも哲学的議論の精度は一定水準を維持しているという信頼・不信の哲学に関する優れた入門書である。

信頼の哲学前史

とはいえ、本書は一般の読者に向けられたものであり、哲学の専門的な議論がなされているわけではない。したがって、本書を読んで信頼の哲学やホーリー自身の研究について知りたいと思う読者のために、二〇一九年の著書『信頼に値する人になる方法』(*How to be Trustworthy*)や他の論文を適宜参照しながら説明したい。

哲学史上、信頼という概念は一七世紀の「社会契約説」と呼ばれる考え方の中に見出せる。一七世紀のイングランドの哲学者トマス・ホッブズ(一五八八―一六七九)は、著書『リヴァイアサン』において、法も秩序もなく人々が思うように生き、他人と戦うことさえ厭わない(ということは自分が他人から攻撃される可能性が常にある)状態を「自然状態」と呼んだ。そこから、生まれつき所有している権利である自然権を一部放棄して、各人の権利を制約する国家をつくるために社会契約を交わすという説をホッブズは国家の起源として提唱した。

「社会契約説」と呼ばれるこの考え方の下では、各人が自分の権利の一部を放棄することに同意しなければならない。しかし、多数の人間が一斉に権利を放棄するならば、ただのりして自分の権利は放棄しない方が、有利ではないだろうか。みながそう考えてしまうと社会契約説は成り立たなくなってしまう。

ここで重要となるのが信頼である。わたしが安全に暮らすためには、あなたが、わたしと同じように権利を放棄してくれると信頼しなければならない。信頼は社会生活に不可欠な基盤なのである。しかし、この信頼は容易に裏切りに転じてしまう。あなたがわたしの期待どおりに権利を放棄してくれない場合、社会生活はきわめて危険なものとなる。近代哲学においてすでに信頼は社会を構築する基盤でもあり、社会を脅かす危険でもあることが見定められていたのである。

社会契約説はその後ジョン・ロックやジャン＝ジャック・ルソーといった思想家によっても議論されていたが、*信頼に対する関心はあくまで、国家や社会といったわたしたちが生きる共同体に関わるものにその重点が置かれていたと言ってよい。

＊小山虎編著『信頼を考える』にはホッブズ、ヒューム、カントについての議論が含まれている。

バイアーの善意説——本格化する信頼の哲学研究

しかし、信頼は赤の他人との間だけでなく、親、子、友人、恋人など親密な関係のうちにも現れるだろう。従来の男性支配的な哲学の中で中心的であった成人男性同士の対等な契約をモデルにするだけでは信頼の全体像は見えてこない。また多様な信頼をカバーするためには、信頼関係に関する、より細かい分析も必要である。

信頼に関する哲学研究は、現在主に英語圏で行われているスタイル、分析哲学の手法に通じ、ヒュームの研究者でフェミニスト倫理学者でもあるアネット・バイアー（一九二九―二〇一二）による一九八六年の論文「信頼と反信頼」において本格的に始まった(Annette Baier, "Trust and Antitrust," *Ethics*, Vol. 96, No. 2, 1986, pp. 231-260)。分析哲学では、概念をできる限り明晰にすることを重要視する。バイアーはこの論文で、「信頼(trust)」と「依拠(reliance)」を区別した上で、単なる依拠に何が付け加われば信頼になるのかという議論を行っている。たとえば身体の調子が悪く、病院で医師の診察を受けるとき、わたしたちはたいてい、その病院の医師や看護師といった医療スタッフがわざと嘘の診断をしたり、適切ではない治療を行ったりせず、わたしたちがより健康になれるような処置をしてくれるものと信じている。このとき、わたしたちは、医療スタッフをあてにし、信頼していると言ってよい。

別のケースで考えてみよう。家族を誘拐された人が犯人から身代金を要求されたとする。このとき身代金を払う人は、家族が解放されることを期待している。その期待は人質の解放が犯人によってなされることに依拠している(あてにしている)が、犯人がそうすると信頼しているわけではない。あくまでも家族が無事に戻ってくるためには犯人の「身代金と引き換えに人質を解放する」という行為に依拠する(あてにする)しかないのである。

このように、他人の行為を依拠する(あてにする)場合でも、その他人を信頼しているケースとそうではないケースがある。では両者の違いは何だろうか。バイアーはその行為の動機が「善意(good will)」かどうかだと考える。たしかに、医療スタッフは善意をもって接してくれるだろうし、誘拐犯は善意はもっていないだろう。わたしたちは、他人が善意を動機として行為すると期待できるとき、その人を信頼するのである。

バイアーの善意説は、依拠(あて)は外れるだけだが、信頼は時に裏切られることをうまく説明する。誘拐犯が人質を解放しなければあてが外れたと思うだけだが、医療スタッフが嘘の診断や適切でない治療をしたら「裏切られた」と怒りが湧いてくるだろう。それは、わたしたちが医療スタッフを信頼するとき、彼ら彼女らの善意まで期待するからだ、と善意説は説明する。

ホーリーのコミットメント説

バイアー以降の信頼に関する哲学研究では、単なる依拠と信頼の違いを解明することが中心的課題であった。ホーリーの信頼研究もこうした背景を共有するが、彼女の独自性は、信頼を「コミットメント」によって分析し、「不信」に着目するという二点にある(本書では第2章に対応する)。

第一の独自性について、ホーリーはバイアーと彼女に続く哲学研究に対して、議論の出発点自体が適切ではないと批判する。そもそもわたしたちはあらゆる人々に対して信頼したり不信感をもったりしているわけではない。たとえば、本書をインターネットで購入した人が、「明日届きます」という通知を通販サイトから受け取ったにもかかわらず、届いたのが一ヵ月後であった場合、通販サイトは信頼できないという気持ちを抱き、そのサイトを非難したり何らかの謝罪を求めたりすることはそれほどおかしいことではないだろう。他方で、本書の訳者として、わたしたちはあなたが本書を読んで信頼に関する哲学に関心をもってくれることを期待している。しかし、仮にあなたがここで本書を閉じて信頼に関する哲学にも無関心のままでいるとしても、わたしたちは(多少落胆はするだろうけれど)あなたに対して裏切られたという気持ちまでもつことはない。つまり、信頼もしなければ不信感を抱くこともないということが珍しくはないのだ。したがって、信頼が成立する条件を問う以前に、そもそも信頼や不信をもつことが適切である状況とそうではない状況を区別した上で、両者の違いを明らかにすることが必要だとホーリーは考えるのである。

では、信頼や不信感をもつことが適切であるとはどういう状況なのか。ホーリーの答えは、わたしたちは、あなたが特定の行為にコミットしている、つまり、あなたがある行為を実行すると自らに課していると期待される場合にのみ、あなたが実行すると信頼したり、実行することに不信感をもったりすることが適切である、というものだ。約束や慣習や制度などによって、相手が特定の行為をなすことにコミットしているときのみ、その相手に対して信頼したり不信感をもったりすることが適切になるのだ。

相手が善意から行為するかどうかではなく、そもそも相手にこうしたコミットメントがあるかどうかを問わなくてはならない。ホーリーのこの立場は「コミットメント説」と呼ぶことができる。たとえ相手に善意があっても、ある行為にコミットしていなければ、それをしてくれると信頼したり、それをしてくれないことで裏切られたと感じたりすることはないだろう。

ホーリーの第二の独自性は、信頼について考える際には、信頼だけではなく不信もあわせて考えるべきという主張である(本書では第1章に対応する)。不信について先行研究では正面から捉えて議論されることはなかった。しかしホーリーは、信頼の反対として不信を捉えることは誤りであると考える。たとえば車を運転中、歩道を歩く子どもが視界に入ったら、急に道路に飛び出してくる可能性を想定してより慎重に運転するだろう。このとき、子どもに対して「歩道をずっと歩いてくれる」とは信頼していない。かといって、その子どもに対して不信感をもっていることにもならない

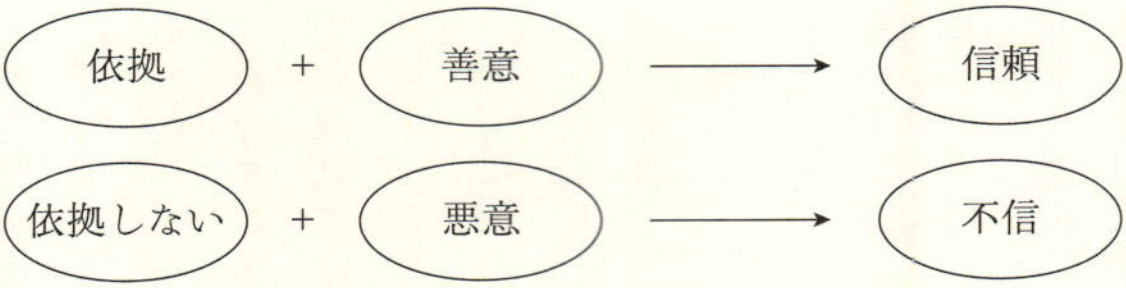

図1　善意説

だろう。単に子どもは注意力が散漫になりがちだという判断に基づいて運転しているだけである。したがって、信頼と不信について、信頼していなければ不信をもっている、というような同じコインの表と裏として捉えることは適切ではない。むしろ、信頼が成立する条件を考察するように、不信についても同様の考察をするべきなのだ。

　バイアーの善意説(図1)では、不信は単に依拠しないことではなく、相手が悪意をもつと予期することを含んでいる。だが、それは適切な理解ではないだろう。いつも嘘をつく人に対してわたしたちは不信感を抱くが、それでも、その人が悪意をもっていると考える理由はないのだ(悪意がなくとも、保身を理由に嘘をつくことはある)。コミットメント説(図2)では、相手がある行為にコミットしていると予期している状況で、同時にそのコミットメントを果たしてその行為をすると期待することが信頼であり、そのコミットメントを果たさずにその行為をしないと予期することが不信である。したがって、ホーリーはコミットメント説こそが信頼と不信を包括的に説明できるという意味で優れた説だと考えるのである。

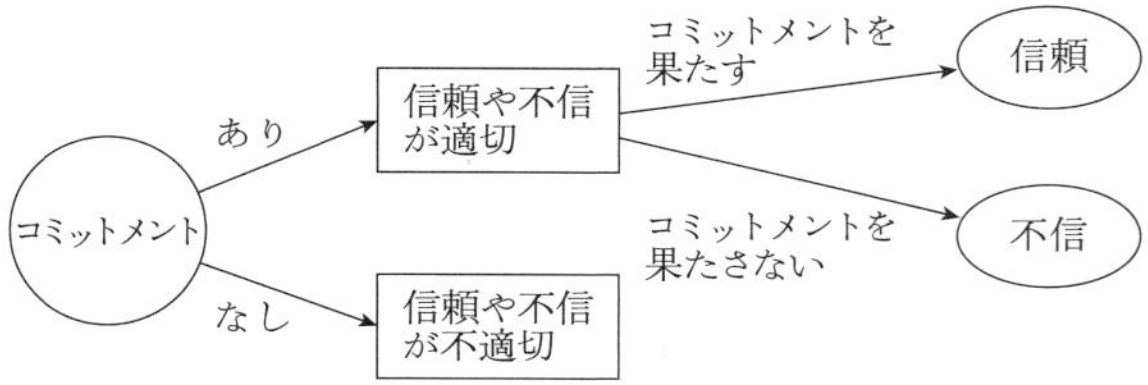

図2　コミットメント説

信頼される人になるためにはどうすればよいか

このように、ホーリーの議論は、信頼される条件として、約束や慣習、制度などによって特定の行為にコミットしている、つまりある行為を実行すると自らに課していると期待されることが必要であるという図式を提示する。では、このコミットメント説からわたしたちは何を学ぶことができるだろうか。

信頼される人になるためには、単に自分が約束したことを守ったり、任された役割を果たしたりするだけではなく、そもそも自分の能力を超えることについては約束をしない、任された役割を断ることも重要である。たとえ親切心からであったとしても、他人に気軽に約束をすることはかえって自分の信頼性を損なう可能性がある。

そうなると、信頼性とはそれを得ることが望ましい性質である、つまり徳であるとは考えられなくなる。なぜなら重大な仕事を頼まれたが、考えた結果、断ったとき、この人は「慎重さ」という徳を発揮したことになるが、断ったことで他人からの信頼性を低下させているとも言えるからである（友人からの誘いに「行けたら行く」と答える人はきわめて慎重な行動をとる人であるとも言える。慎重さは徳だろうが、「行けたら行く」と言う人が他人から信頼できると受け取られる可能性は高くはないだろう）。

ここまで読んで、「信頼に値する人になるためにはどうすればよいだろう？」「信頼される組織にするためにはどうすればよいだろう？」と疑問に感じる人もいるだろう。では、信頼性を得るためにはどうすればよいだろうか。言い換えると、信頼される人になるためにはどうすればよいだろうか。本書でホーリーが強調するのは、実行できる見込みがないコミットメントを避けること、である。実行できないコミットメントを引き受けた結果、信頼を失ってしまうという事例は世の中に溢れている（典型的な例として、実行できそうにない内容の公約を掲げる選挙の候補者を考えてみてほしい）。できると思って引き受けたが、さまざまな事情で実行できなかったというのはよくあることである。他方で、当初は実行できそうにないと思って、それでも引き受けたことが、その後の頑張りのおかげで実行できた、ということもまた珍しいことではないだろう。したがって、実行できそうにないコミットメントを引き受けることがただちに信頼性を失うことにはならないし、反対に、実行できそうにないコミットメントを避けてばかりいるとかえって周囲の人から不信の目で見られてしまいかねないだろう。不用意なコミットメントを避けるためには、自分の能力や周囲の環境について知識をもつことが必要だが、もちろんそれは容易なことではない。

さらに、わたしたちが気づかないうちに特定の行動にコミットさせられているケースもある。贈り物を受け取ったら後日お返しをするものだという社会的慣習を思い浮かべればよいだろう。また企業や役所で働くということは、上司の指示に対してはどのようなものであれ従う、つまり、上司の指示内容にコミットするというコミット(ホーリーは「メタコミットメント」*と呼んでいる)をすることになると言えるが、そのことを自覚している人は多くはないかもしれない。このように、わたしたちは事前に自覚した上でコミットメントを実際に引き受けていないにもかかわらず、将来のコミットメントを引き受けてしまっていることがあるのだ。

*Katherine Hawley, *How To Be Trustworthy*, ch. 4.

加えて、信頼される人になる道には多くの難所があることもホーリーは指摘している。そもそも引き受けるべきコミットメントとそうではないコミットメントを見分けることは難しい。また、自分の能力について理解することも容易ではない。社会的慣習のようなものが作用して、知らず知らず、何らかの行為にコミットしている場合もある。そして、コミットメントを実行すること自体が難しい場合もある。

かといって信頼性を維持するためにできる限りコミットメントを避け続けてしまうと、孤独な人生になるというジレンマに陥ってしまう。また、ある人からの信頼性を維持することで別の人からの信頼性が失われる可能性もある。たとえば、日頃から厳しい態度で接してくる上司からの残業の要請に応えるために家族と出かける約束をしない場合、家族がその上司の厄介さに気づかなければ、仕事を優先させて家庭を顧みない自己中心的で身勝手な人に映るに違いない。

コミットメント説の一つの特徴として、信頼を得ることの難しさを、約束や能力や道徳性といった、比較的私たちが馴染んでいる概念との繋がりによって明るみに出したと言えるだろう。信頼と不信と、そうした概念の関係に通じておくことは、わたしたち自身が他人から信頼される人になるために必要であるだけでなく、他人を誤って信頼したり、あるいは他人に誤って不信感を抱いたりすることを避けるためにも必要である。加えて、信頼性を得るためにホーリーが強調する「実行できないコミットメントを回避する」ためには、自分の能力についてよく知っておかなければならない。そして、自分に何ができるか、には自分の能力だけでなく、周囲の環境も関わってくる。信頼と不信の哲学とは、(手垢にまみれた表現ではあるが)複雑な現代社会をわたしたちがよりよく生きるための哲学でもあるのだ。

以下、第7章「インターネット上の信頼」について、現状を簡単に補足する(二〇二四年十月現在)。

SNS

本書でもX（旧ツイッター）が言及されているが、近年の大きな変化は二〇二二年十月のイーロン・マスクによるツイッター社（当時）の買収だろう。「言論の自由を徹底すること」を目的として、一四〇字の上限を撤廃し二万五〇〇〇字まで投稿できるようにし、認証バッジを有料化、クリエーターが広告収益の一部を得られるようにした。これらがXを信頼に値するSNSにしたかと言えば、事態は反対のようである。マスクは旧経営陣や当時の社員を大量解雇し、このプラットフォームを「我がもの」にした。ヘイトにあふれる投稿が増え、他のSNSへ移るユーザーも増えている。マスクの運営方針は誠実さに欠け、信頼性を著しく損なわせているかもしれない。

またフェイクニュースの投稿は大きな政治問題となっている。ファクトチェックは重要だが、ファクトチェック団体自体が信頼に値するのかという疑義も示され、事態は解消されずに至っている。SNS上を自動プログラムによって投稿と返信を繰り返すソーシャル・ボットもヘイト投稿やフェイクニュースの拡散に加担している。最近ではボットらしさを測定するウェブサイト（Botometer X）も登場し、対策がとられている。

さらに、SNSやメディアにおける信頼がもっとも問題になるのは、災害時である。生成AI

（人工知能）によって作成された偽の被害画像、「助けて！」といった偽の救護要請、「外国人窃盗団が被災地で犯罪行為を繰り返している」といったデマがSNSに投稿され、被災者や防災機関、ボランティア関係者などには、事実確認のための負担が重くのしかかる。情報を受け取る側に冷静さが求められるだけでなく、情報を発信する側にも慎重な姿勢が必要であろう。

インスタグラム（Instagram）やティックトック（TikTok）など写真や動画に特化した新しいタイプのSNSも登場している。写真や動画は文字以上に信頼を得やすく、人々を騙しやすいのだろうか。それぞれのSNSの特性に合わせて、ユーザーの信頼やSNSの信頼性について知見を深めていく必要がある。

生成AI

アメリカのオープンAIのチャットGPTをはじめとする生成AIの発展は目覚ましい。人間が書くものと区別できないか、それ以上の質の文章をAIによって作り出すことが可能になった。だが、良質の文章を生成するからといって簡単に信頼してはならないだろう。実際、現在の生成AIはバイアスや有害なステレオタイプを再生産してしまったり、「ハルシネーション（幻覚）」と呼ばれる事実に基づかない情報を生成して伝えてしまい、大きな問題になっている。

そこで求められるのが「信頼に値するＡＩ(Trustworthy AI)」である。二〇一九年のＯＥＣＤ(経済協力開発機構)のＡＩ原則では「信頼に値するＡＩ」の開発や運用に向けて、人権の尊重や、透明性・安全性の確保など五つの原則が掲げられている。二〇二四年には生成ＡＩの急速な発展に合わせ、誤情報や偽情報への対策に努める必要性が明記された。

ＡＩ原則のほかにも、「人間中心的」「自律性」「差別しない」「悪意をもたない」などさまざまな要素がＡＩの信頼性の要素として提案されている。だが、こうした要素を列挙するだけでは意味がないだろう。重要なのは、なぜその要素がＡＩの信頼性を構成するのか、を説明することだ。そのためには、ＡＩに単に依拠すること(reliance)とＡＩを信頼すること(trust)はどう違うのか、人間の信頼性とＡＩの信頼性はどう異なるのか、など検討しなければならないことが多くある。

デジタル通貨とブロックチェーン

信頼がなければ完璧に鋳造された貨幣でもたいていの場合その機能は果たせない。かつてドイツの社会学者ゲオルク・ジンメル(一八五八―一九一八)が指摘したことだ。ジンメルは貨幣には二重の信頼があると言う。貨幣を発行する政府への人々の信頼、そして今受け取った貨幣は同じ価値で再び使うことができるだろうという信頼である。

では、デジタル通貨(ここでは電子マネーと区別し、デジタルデータに変換されて管理、利用される通貨の意味で用いる)にもこうした二重の信頼があるだろうか。ビットコインのような分散型のデジタル通貨は発行する政府や中央銀行のような裏付けを持たない通貨として注目されている。何がこの新しいタイプの通貨に信頼を与えているのだろうか。それがブロックチェーン(分散型台帳技術)と呼ばれる技術である。

デジタル通貨自体珍しいものではない。クレジットカードやデビットカードでも、通貨は銀行などのデジタルコンピュータシステムを通して管理、保存、交換される。ビットコインが驚かれたのは、ブロックチェーンを使って世界中に散在する多数のコンピュータにその取引データを分散させていることだ。もし不正にその取引データを書き換えたければ、数百万台のコンピュータに同時にアクセスできなければいけないが、それはまず無理だろう。虚偽の取引はできないのだ。

デジタル通貨の信頼性を担保しているのは、政府や中央銀行でなく、このブロックチェーンという仕組み(特に、セキュリティの高さ)である。これは政府や中央銀行をあてにできない不安定な国に住んでいる場合には役に立つだろう。だが、ビットコインを例にとればその価値は年や月によって大きく変動し不安定である。

デジタル通貨が将来的には従来の通貨に取って代わるものになるか、まだ分からない。だが、ブロックチェーンという仕組みを維持・運営するためには、世界中に散在する多数のコンピュータを動かさなければいけない。これにはエネルギーが大量にかかる。気候変動の危機が年々深刻化するなかでどこまで持続可能な制度なのか、議論する必要があるだろう。

本書の翻訳者六名は哲学や倫理学を専門とするが、専門分野はみなばらばらである。そんなばらばらなメンバーが「信頼」について関心を持ち、共同で研究するようになったのは二〇一五年のことである。あれこれ調べているうちに、「信頼」はいろいろな学問分野で議論されているにもかかわらず、分野横断的な探究があまりなされていないことが分かってきた。そこでわれわれは、学問分野の違いを超えて信頼について考えるプラットフォームにしようという意気込みで「安心信頼技術研究会*」を立ち上げ、社会学、心理学、政治学、人工知能など、哲学や倫理学とは異なる分野の研究者を呼び当該分野での信頼について発表してもらい、議論を重ねてきた。二〇一八年にそれまでの研究成果を『信頼を考える』という論文集として刊行したが、信頼と密接につながっている「不信」についても研究をする必要があると考え、年金アクチュアリー、企業法務を専門とする弁護士、フェイクニュースの特集を手がける新聞記者、いったんは認められた行政からの補助金の取り消しにあった映画監督、といった、不信が起こっている現場の方を呼び、ワークショップを開いてきた。こういった活動を続けているうち、一般の人が信頼や不信について考える際に役に立つ本があればよいのに、とメンバーで議論を重ねるようになり、そういえばキャサリン・ホーリーさんの *Trust: A Very Short Introduction* はその目的にはうってつけの本ではないか、ということで、邦訳書を刊行できれば、と考えるようになったのである。

＊安心信頼技術研究会のウェブサイト(https://philosophytrust.wordpress.com/)では信頼に関する論文の紹介も掲載している。本書の内容とも関連するので、ぜひご覧いただきたい。

なお、本書は、監訳者の一人である稲岡が代表を務める、二〇一九〜二〇二〇年度にサントリー文化財団から受けた研究助成「学問の未来を拓く」(研究課題名「不信学の創成——「健全な不信」の実現を目指して」)の研究成果の一部である。また、訳者の一人である笠木雅史が分担研究者として参加しているJSPS科研費22H01075の成果の一部でもある。

最後に、キャサリン・ホーリーさんのご遺族に、訳者一同、心から感謝を申し上げたい。

岩波新書新赤版一〇〇〇点に際して

ひとつの時代が終わったと言われて久しい。だが、その先にいかなる時代を展望するのか、私たちはその輪郭すら描きえていない。二〇世紀から持ち越した課題の多くは、未だ解決の緒を見つけることのできないままであり、二一世紀が新たに招きよせた問題も少なくない。グローバル資本主義の浸透、憎悪の連鎖、暴力の応酬——世界は混沌として深い不安の只中にある。

現代社会においては変化が常態となり、速さと新しさに絶対的な価値が与えられた。消費社会の深化と情報技術の革命は、種々の境界を無くし、人々の生活やコミュニケーションの様式を根底から変容させてきた。ライフスタイルは多様化し、一面では個人の生き方をそれぞれが選びとる時代が始まっている。同時に、新たな格差が生まれ、様々な次元での亀裂や分断が深まっている。社会や歴史に対する意識が揺らぎ、普遍的な理念に対する根本的な懐疑や、現実を変えることへの無力感がひそかに根を張りつつある。そして生きることに誰もが困難を覚える時代が到来している。

しかし、日常生活のそれぞれの場で、自由と民主主義を獲得し実践することを通じて、私たち自身がそうした閉塞を乗り超え、希望の時代の幕開けを告げてゆくことは不可能ではあるまい。そのために、いま求められていること——それは、個と個の間で開かれた対話を積み重ねながら、人間らしく生きることの条件について一人ひとりが粘り強く思考することではないか。その営みの糧となるものが、教養に外ならないと私たちは考える。歴史とは何か、よく生きるとはいかなることか、世界そして人間はどこへ向かうべきなのか——こうした根源的な問いとの格闘が、文化と知の厚みを作り出し、個人と社会を支える基盤としての教養となった。まさにそのような教養への道案内こそ、岩波新書が創刊以来、追求してきたことである。

岩波新書は、日中戦争下の一九三八年一一月に赤版として創刊された。創刊の辞は、道義の精神に則らない日本の行動を憂慮し、批判的精神と良心的行動の欠如を戒めつつ、現代人の現代的教養を刊行の目的とする、と謳っている。以後、青版、黄版、新赤版と装いを改めながら、合計二五〇〇点余りを世に問うてきた。そして、いままた新赤版が一〇〇〇点を迎えたのを機に、人間の理性と良心への信頼を再確認し、それに裏打ちされた文化を培っていく決意を込めて、新しい装丁のもとに再出発したいと思う。一冊一冊から吹き出す新風が一人でも多くの読者の許に届くこと、そして希望ある時代への想像力を豊かにかき立てることを切に願う。

（二〇〇六年四月）

キャサリン・ホーリー　Katherine Hawley

1971－2021年．オックスフォード大学，ケンブリッジ大学で学んだのちに，同大学ヘンリー・シジウィック研究員などを経て，セント・アンドリュース大学教授をつとめた．専門は哲学．

著書―*How Things Persist*, Oxford University Press, 2001.
How To Be Trustworthy, Oxford University Press, 2019.

信頼と不信の哲学入門　キャサリン・ホーリー
岩波新書（新赤版）2044

2024年12月20日　第1刷発行

監訳者　稲岡大志《いなおかひろゆき》　杉本俊介《すぎもとしゅんすけ》

発行者　坂本政謙

発行所　株式会社 岩波書店
〒101-8002 東京都千代田区一ツ橋2-5-5
案内 03-5210-4000　営業部 03-5210-4111
https://www.iwanami.co.jp/

新書編集部 03-5210-4054
https://www.iwanami.co.jp/sin/

印刷・精興社　カバー・半七印刷　製本・中永製本

ISBN 978-4-00-432044-9　Printed in Japan

監訳者

稲岡大志

1977年生まれ．大阪経済大学経営学部准教授．専攻は哲学．
著書—『ライプニッツの数理哲学』(昭和堂，2019年)など．

杉本俊介

1982年生まれ．慶應義塾大学商学部准教授．専攻は倫理学．
著書—『なぜ道徳的であるべきか』(勁草書房，2021年)など．

翻訳分担

序	杉本俊介
第1章	永守伸年(立命館大学文学部准教授)
第2章	永守伸年
第3章	小山　虎(山口大学時間学研究所准教授)
第4章	杉本俊介
第5章	稲岡大志
第6章	笠木雅史(名古屋大学大学院情報学研究科准教授)
第7章	呉羽　真(山口大学国際総合科学部講師)
第8章	稲岡大志
結　論	杉本俊介
読書案内	稲岡大志

索　引

それぞれの語について理解に資すると思われるページ数を挙げる.

た　行

な　行

は　行

読書案内

〔邦訳が刊行されていない場合も，その主題を伝えるため，
訳出し『　』または「　」で示した.〕

全体について

ラッセル・ハーディンによる入門書『信頼』(Russell Hardin, *Trust*, Polity Press, 2006)は，政治学と社会科学に焦点を当てている．ラッセル『信頼と信頼性』(Russell Hardin, *Trust and Trustworthiness*, Russell Sage Foundation, 2002)は広範な研究である．マレク・コーン『信頼 ── 自己利益と共通善』(Marek Kohn, *Trust: Self Interest and the Common Good*, Oxford University Press, 2008)は私生活と公的生活における信頼に関する，より身近なことについての探究である．『信頼を構築する ── ビジネス，政治，人間関係，人生において』(Robert C. Solomon and Fernando Flores, *Building Trust: In Business, Politics, Relationships and Life*, Oxford University Press, 2001. 邦訳『「信頼」の研究 ── 全てのビジネスは信頼から』上野正安訳，シュプリンガー・フェアラーク東京，2004年)は哲学者のロバート・C. ソロモンとチリのアジェンデ政権下で財務大臣を務め，後にアメリカで起業家兼コンサルタントとなったフェルナンド・フローレスの共著である．二人は共同で，ビジネスや経営を背景とした信頼関係を探究している．

第1章　信頼とは何か，不信とは何か

オンライン公開されているオープンアクセスの『スタンフォード哲学百科事典』(*Stanford Encyclopedia of Philosophy*)には「信頼(Trust)」の項目があり，キャロリン・マクラウドによる哲学的アプローチに関するレビューと文献リストが掲載されている．ここには，アラン・ハジェクによる「パスカルの賭け(Pascal's Wager)」の項目もある．ラッセル・ハーディン編『不信』(Russell Hardin(ed.), *Distrust*, Russell Sage Foundation, 2004)には，不信それ自体を考察する論文が含まれている．

第2章　信頼と信頼性はどうして問題になるのか

オノラ・オニールによるBBCラジオのレース講義は『信頼に関する一つの問い』として出版されている(Onora O'Neill, *A Question of Trust*, Cambridge University Press, 2002). ブルーノ・S. フレイの論文は,「監視は労働の成果を増大させるか?　信頼と忠誠心の対立」(Bruno S. Frey, 'Does Monitoring Increase Work Effort? The Rivalry with Trust and Loyalty,' *Economic Inquiry* XXXI, 1993)である. ダイヤーとチューの研究は, ロデリック・M. クレイマー編『組織信頼論文集』(Roderick M. Kramer(ed.), *Organizational Trust: A Reader*, Oxford University Press, 2006)に収録されている. クレイマーの論文集はマネジメントを学ぶ者に対しては有用な資料である.

第3章　信頼と協力の進化

関連する論文の多くはエリノア・オストロムとジェームズ・ウォーカーが編集した『信頼と互恵性』(Elinor Ostrom and James Walker(eds.), *Trust and Reciprocity*, Russell Sage Foundation, 2003)に再録されている. オストロムのノーベル経済学賞受賞記念講演の資料と動画は, https://www.nobelprize.org/prizes/economic-sciences/2009/ostrom/lecture/で見ることができる. アクセルロッドとハミルトンによる論文は「協力の進化」(Robert Axelrod and William D. Hamilton, 'The Evolution of Cooperation,' *Science*, 1981)である. コスミデスとトゥービーによる論文「社会的交換のための認知的適応」(Leda Cosmides and John Tooby, 'Cognitive Adaptations for Social Exchange')は, バーコフ, コスミデス, トゥービー編『適応する心』(Barkow, Cosmides and Tooby(eds.), *The Adapted Mind*, Oxford University Press, 1992)に収録されている. ケヴィン・N. ラランドとギリアン・R. ブラウンによる『センスとナンセンス——人間行動に関する進化論的観点』(Kevin N. Laland and Gillian R. Brown, *Sense and Nonsense: Evolutionary Perspectives on Human Behaviour*, Cambridge University Press, 2002)は, 血縁選択, 相互利他主義, 不正の検出といった問題を明確に論じている. ジャネット・ラドクリフ・リチャーズ『ダーウィン以

降の人間本性 ―― 哲学的入門』(Janet Radcliffe Richards, *Human Nature after Darwin: A Philosophical Introduction*, Routledge, 2000)は生物学と道徳との間のつながり(あるいはつながりの欠如)について論じている．ティム・ルーウェンズ『ダーウィン』(Tim Lewens, *Darwin*, Routledge, 2007)はその背景を説明しており，有益である．

第4章　金を持って逃げろ

オストロムとウォーカーによる『信頼と互恵性』には，第3章と第4章に関連する論文が収められている．ケン・ビンモア『ゲーム理論』(Ken Binmore, *Game Theory: A Very Short Introduction*, Oxford University Press, 2007. 邦訳『ゲーム理論』海野道郎・金澤悠介訳，岩波書店，2010年)には互恵性についての章が含まれている．オキシトシンに関する研究は，バーツ，ザキ，ボルジャー，オクスナーによる論文「オキシトシンが人間に与える社会的影響 ―― 文脈と人格の問題」(Jenniter A. Bartz, Jamil Zaki, Niall Bolger and Kevin N. Ochsner, 'Social Effects of Oxytocin in Humans: Context and Person Matter,' *Trends in Cognitive Science*, 15(7), 2011)で論じられている．ロバート・パットナム『孤独なボウリング』(Robert Putnam, *Bowling Alone*, Simon and Schuster, 2000. 邦訳『孤独なボウリング ―― 米国コミュニティの崩壊と再生』柴内康文訳，柏書房，2006年)は，社会資本とコミュニティにおける信頼の長期的な傾向を検討している．ジョゼフ・ヘンリックと共著者たちは，非工業化社会に関する研究を「「経済人」を探して ―― 15の小規模社会における行動実験」(Joseph Henrich *et al.*, 'In Search of *Homo Economicus*: Behavioral Experiments in 15 Small-Scale Societies,' *American Economic Association Papers and Proceedings*, 2001)としてまとめている．

第5章　誠実と不誠実

イアン・レスリー『生まれつきの嘘つきたち ―― なぜわたしたちは欺瞞なしでは生きられないのか』(Ian Leslie, *Born Liars: Why We Can't Live without Deceit*, Quercus, 2011)は，誠実さ

に関する問題を分かりやすく探究して，さらに読むべき文献をリストアップしている．ポール・エクマン『嘘を見破る』(Paul Ekman, *Telling Lies*, Norton, 2002. 邦訳『暴かれる嘘 ── 虚偽を見破る対人学』工藤力訳，誠信書房，1992 年）では彼自身のアプローチが述べられている．ダーリングとダウディによる母親と青少年の研究は，ケン・J. ローテンバーグ編『子ども時代と青年期における対人信頼』(Ken J. Rotenberg(ed.), *Interpersonal Trust during Childhood and Adolescence*, Cambridge University Press, 2010）で報告されており，この本には酒井厚による双子や，他の兄弟姉妹に関する研究も収録されている．C. A. J. コーディ『証言 ── 哲学的研究』(C. A. J. Coady, *Testimony: A Philosophical Study*, Clarendon, 1992）はヒュームとリードについて論じている．スペルベルたちは，「認識的警戒心 (Epistemic Vigilance)」(Sperber *et al*., *Mind and Language*, 25(4), 2010）で複数の学問的アプローチを統合し，ジョナーダン・ガネリ『古代インドの哲学』(Jonardon Ganeri, *Philosophy in Classical India*, Routledge, 2001）は，ニヤーヤ学派への入門を提供している．スティーヴン・シェイピン『真実の社会史』(Steven Shapin, *A Social History of Truth*, Chicago University Press, 1994）は，ジェントルマンの名誉について探究している．サラ・ストラウドの論文は「友情における認識的偏り」(Sarah Stroud, 'Epistemic Partiality in Friendship,' *Ethics*, 116, 2006）である．彼女のサイモン・ケラーとのビデオディスカッションは，Philosophy TV のウェブサイト (www.philostv.com) で閲覧可能である．

第 6 章　知識と専門知

ハリー・コリンズとロバート・エヴァンズ『専門知を再考する』(Harry Collins and Robert Evans, *Rethinking Expertise*, Chicago University Press, 2007. 邦訳『専門知を再考する』奥田太郎監訳，和田慈・清水右郷訳，名古屋大学出版会，2020 年）は，科学技術における公共的信頼と専門知について検討している．キャロリン・マクラウド『自己信頼と生殖の自律』(Carolyn McLeod, *Self-Trust and Reproductive Autonomy*, MIT Press, 2002）は生殖医

療に関する倫理的問題の中心として自己信頼を捉えている．ミランダ・フリッカー『認識的不正義』(Miranda Fricker, *Epistemic Injustice*, Oxford University Press, 2007. 邦訳『認識的不正義――権力は知ることの倫理にどのようにかかわるのか』佐藤邦政監修，飯塚理恵訳，勁草書房，2023年)は信頼に関する判断に影響を与えうる政治と偏見について探究している．

第7章　インターネット上の信頼

モニカ・T. ウィッティとアダム・N. ジョインソンによる『インターネットにおける真実，嘘，信頼』(Monica T. Whitty and Adam N. Joinson, *Truth, Lies and Trust on the internet*, Routledge, 2009)は，主に心理学的研究に基づいて，関連する論点を多く取り上げている．哲学雑誌『エピステーメ』(*Episteme*)は，2009年2月号で知識，信頼，ウィキペディアに関する問題を特集した．

第8章　制度・陰謀・国家

クリステル・レーン，ラインハルト・バッハマン編『組織内および組織間の信頼』(Christel Lane and Reinhard Bachmann (eds.), *Trust within and between Organizations*, Oxford University Press, 1998)は，ビジネス向けの論文集である．オノラ・オニール『信頼に関する一つの問い』(Onora O'Neill, *A Question of Trust*, Cambridge University Press, 2002)は，制度や専門職における信頼を探究している．アンドリュー・H. キッド『国際関係における信頼と不信』(Andrew H. Kydd, *Trust and Mistrust in International Relations*, Princeton University Press, 2005)は，特に冷戦を中心に信頼と協力について論じている．デイヴィッド・コーディ編『陰謀論――哲学的論争』(David Coady (ed.), *Conspiracy Theories: The Philosophical Debate*, Ashgate, 2006)は，ブライアン・キーリーの論文の再録を含む比較的地味な論文集である．

日本語版読者のための読書案内

本書で信頼と不信の哲学に入門した読者には，訳者の一人が書いた次の本を読むことを薦めたい．

永守伸年『信頼と裏切りの哲学』慶應義塾大学出版会，2024年．

信頼は哲学をはじめ，心理学，工学，社会学，政治学，教育学，ビジネスや医療までさまざまな分野で論じられてきた．訳者らが企画した次の本は個別の分野から全体的な見取図まで信頼研究の全貌に迫ったものである．

小山虎編著『信頼を考える――リヴァイアサンから人工知能まで』勁草書房，2018年．

信頼についての総合的な論文集としては以下も参照されたい．

佐々木正道編著『信頼感の国際比較研究』中央大学出版部，2014年．

佐々木正道・吉野諒三・矢野善郎編著『現代社会の信頼感――国際比較研究(II)』中央大学出版部，2018年．

また，次の報告書からは，各分野におけるトラスト(信頼)研究の現状を知ることができる．

国立研究開発法人科学技術振興機構・研究開発戦略センター『トラスト研究の潮流――人文・社会科学から人工知能，医療まで』2022年(https://www.jst.go.jp/crds/report/CRDS-FY2021-WR-05.html にて入手可能)．

また，同様に哲学，心理学，社会学，障害学，文学での信頼研究をまとめたものである．

早稲田大学文学学術院総合人文科学研究センター研究部門「現代日本における『信頼社会』再構築のための総合的研究」編『それでも，「信頼」の可能性を問う』文化書房博文社，2018年．

本書でも言及されているが，社会心理学から信頼について

アプローチし,「信頼の「解き放ち」理論」という独自の立場を展開したものとして山岸俊男の研究がある.『安心社会から信頼社会へ』では,安心と信頼を区別し,日本社会では安心に代わる一般的信頼の育成が重要であると論じている.

山岸俊男『信頼の構造』東京大学出版会,1998年.

山岸俊男『安心社会から信頼社会へ――日本型システムの行方』中公新書,1999年.

日本やドイツを「高信頼社会」,中国・イタリア・フランス・韓国を「低信頼社会」と捉え,日本の高信頼社会が崩れようとしていることを論じている本としては次を参照.

フランシス・フクヤマ『「信」無くば立たず――「歴史の終わり」後,何が繁栄の鍵を握るのか』加藤寛訳,三笠書房,1996年.

以下,テーマごとに書名を紹介する.

- イスラーム的なつながりから信頼についてアプローチするイスラーム信頼学の第一作.

  黒木英充・後藤絵美編『イスラーム信頼学へのいざない』東京大学出版会,2023年.

- 心理学やリスク学の観点から信頼について論じた本.

  中谷内一也『信頼学の教室』講談社現代新書,2015年.

- 信頼ゲームなど経済学から信頼について論じた本.

  ベンジャミン・ホー『信頼の経済学――人類の繁栄を支えるメカニズム』佐々木宏夫・庭田よう子訳,慶應義塾大学出版会,2023年.

  荒井一博『信頼と自由』勁草書房,2006年.

- 進化ゲーム理論の観点から信頼を論じた本.

  中丸麻由子『社会の仕組みを信用から理解する――協力進化の数理』共立出版,2020年.

- 第4章で言及されているポール・J. ザックの神経経済学の研究.

  ポール・J. ザック『経済は「競争」では繁栄しない――信頼ホルモン「オキシトシン」が解き明かす愛と共感の神経経済学』柴田裕之訳,ダイヤモンド社,2013

年.

- 科学に対する不信に関するもの.

リー・マッキンタイア『エビデンスを嫌う人たち——科学否定論者は何を考え，どう説得できるのか？』西尾義人訳，国書刊行会，2024年.

三井誠『ルポ 人は科学が苦手——アメリカ「科学不信」の現場から』光文社新書，2019年.

- メディア不信やフェイクニュースについて.

林香里『メディア不信——何が問われているのか』岩波新書，2017年.

山田圭一『フェイクニュースを哲学する——何を信じるべきか』岩波新書，2024年.

- 組織や企業などの制度に対する信頼について.

ブルース・シュナイアー『信頼と裏切りの社会』山形浩生訳，NTT出版，2013年.

アンドレアス・ズーハネク『企業倫理——信頼に投資する』柴田明・岡本丈彦訳，同文舘出版，2017年.

若林直樹『日本企業のネットワークと信頼——企業間関係の新しい経済社会学的分析』有斐閣，2006年.

川﨑千晶『組織間信頼の形成と維持』同文舘出版，2019年.

- 金融業界における信頼と信認と信用の関係について.

齊藤壽彦『信頼・信認・信用の構造——金融核心論[第3版]』泉文社，2007年.

- 陰謀論について実証研究の観点から論じたもの.

秦正樹『陰謀論——民主主義を揺るがすメカニズム』中公新書，2022年.

- 政治学の観点から信頼について論じたもの.

数土直紀『信頼にいたらない世界——権威主義から公正へ』勁草書房，2013年.

西山真司『信頼の政治理論』名古屋大学出版会，2019年.

- 社会学ではジンメル，ルーマン，ギデンズがそれぞれ別の角度から信頼に注目している.

ゲオルク・ジンメル『貨幣の哲学[新訳版]』居安正訳，

白水社，2016 年.

ニクラス・ルーマン『信頼 —— 社会的な複雑性の縮減メカニズム』大庭健・正村俊之訳，勁草書房，1990 年.

アンソニー・ギデンズ『近代とはいかなる時代か？—— モダニティの帰結』松尾精文・小幡正敏訳，而立書房，1993 年.

- 社会学における信頼については，社会的信頼や社会関係資本に着目した以下の研究書がある.

関西大学社会的信頼システム創生センター編，与謝野有紀・林直保子・草郷孝好『社会的信頼学 —— ポジティブネットワークが生む創発性』ナカニシヤ出版，2016 年.

ジョン・フィールド『社会関係資本 —— 現代社会の人脈・信頼・コミュニティ』佐藤智子・西塚孝平・松本奈々子訳，矢野裕俊解説，明石書店，2022 年.

作成：杉本俊介・稲岡大志・呉羽真・笠木雅史